BURBUJAS Y BOCADOS: EL ÚLTIMO LIBRO DE COCINA DE PROSECCO

Mejore su experiencia culinaria con 100 delicias con infusión de Prosecco

Olga Cortes

Derechos de autor Material ©2024

Todo Derechos Reservado

No fiesta de este libro puede orar usado o transmitido en cualquier forma o ciudad cualquier medio sin el adecuado escrito consentir de el editores espíritu derechos de autor dueño, excepto para breve citas usado en a revisar. Este libro debería nota orar consideró a sustituto para médico, legal, o otro profesional consejo.

TABLA DE CONTENIDO

TABLA DE CONTENIDO...3
INTRODUCCIÓN..7
DESAYUNO Y BRUNCH..9
1. Tortitas De Prosecco...10
2. Ensalada De Frutas Prosecco..12
3. Tostada Francesa Prosecco...14
4. Parfait de yogur y prosecco...16
5. Crepes de frutos rojos y prosecco..18
6. Quinua para el desayuno Prosecco......................................21
7. Gofres Prosecco..23
8. mini panqueques de Prosecco..25
9. Donas De Prosecco Al Horno..28
10. Pan Prosecco...31
11. Tostada Francesa Prosecco...34
12. Avena Prosecco durante la noche......................................36
13. Hueveras de Prosecco..38
14. bollos de prosecco...40
15. Quiche de desayuno con prosecco....................................43
APERITIVOS...45
16. Bruschetta con reducción de Prosecco.............................46
17. Aceitunas Marinadas Prosecco..48
18. Brochetas De Camarones Prosecco..................................50
19. Champiñones Rellenos De Queso De Cabra....................52
20. Ceviche Proseco...54
21. Peras escalfadas con prosecco..56
22. Brochetas de fruta Prosecco..58
23. Palomitas de Prosecco..60
24. Guacamole Prosecco...62
25. Bruschetta de Prosecco..64
26. Fresas Rellenas De Prosecco...66

27. Bocaditos de pepino y prosecco..................68
28. Mezcla de frutos secos Prosecco..................70
29. Bocaditos energéticos de Prosecco..................72
PLATO PRINCIPAL..................74
30. Risotto de Prosecco con Camarones..................75
31. Piccata de pollo al prosecco..................78
32. Salmón con semillas tostadas y prosecco..................81
33. Pasta Prosecco Boloñesa..................84
34. Risotto de champiñones y prosecco..................87
35. Pollo Con Salsa Pomodoro Y Prosecco..................90
36. Costillas De Res Estofadas Con Prosecco..................93
37. Pollo A La Parrilla Marinado Con Prosecco..................96
POSTRE..................98
38. pastel de prosecco..................99
39. Fondue de queso prosecco..................103
40. Granizado Prosecco..................105
41. Pavlova de melocotón y prosecco..................107
42. Panna cotta de champán con frutos rojos..................109
43. Sorbete de champán y fresas..................112
44. Paté de frutas de fresa y prosecco..................114
45. Prosecco Vodka Uvas..................117
46. Miel con infusión de prosecco..................119
47. Prosecco rosado osito de goma p..................121
48. Ensalada de frutas mimosas..................123
49. Macarrones de Prosecco..................125
50. Helado de Prosecco..................129
51. Ensalada de frutas con prosecco..................132
52. Pastel de desayuno de arándanos y prosecco..................134
53. Pastel Prosecco Clásico..................137
54. Magdalenas De Prosecco..................142
55. Pastel de Prosecco de naranja sanguina..................145
56. Mousse de Prosecco..................148
57. Barras de tarta de queso Prosecco..................150
58. Rollo De Pastel De Prosecco..................153
59. Paletas de Prosecco..................157

60. Granizado Prosecco..................................159
61. Melocotones y bayas en Prosecco..................162
62. Peras escalfadas con prosecco....................164
63. Parfait de bayas y prosecco......................166
64. Jaleas de Prosecco y Frambuesa...................168
65. Posset de Prosecco y Limón......................170
66. Tiramisú Prosecco................................172
CONDIMENTOS..174
67. Salsa de Prosecco y Melocotón...................175
68. Jalea de Prosecco................................177
69. Mostaza Prosecco.................................179
70. Mantequilla Prosecco.............................181
71. Cuajada De Limón Prosecco.......................183
72. Alioli de Prosecco...............................186
73. Prosecco Miel Mostaza............................188
74. Mantequilla De Hierbas Prosecco..................190
75. Prosecco Salsa Verde.............................192
CÓCTELES...194
76. Aperol Spritz....................................195
77. Mimosas de Prosecco y Jugo de Naranja............197
78. Spritz de hibisco................................199
79. Mulas de champán................................201
80. hugo...203
81. Mojito Prosecco..................................205
82. Sgroppino..207
83. Prosecco Bellini.................................209
84. Margarita Prosecco...............................211
85. Prosecco y jengibre fizz.........................213
86. Prosecco Francés 75.............................215
87. Ponche de granada y prosecco.....................217
88. Cóctel Prosecco de rubí y romero...............219
89. Cóctel Prosecco de flor de saúco...............222
90. Cóctel de pomelo rosado.........................224
91. Flotador de sorbete de piña y prosecco..........226
92. Limonada de frambuesa Cóctel....................228

93. Sorbete de Naranja Cóctel..230
94. Naranja sanguina de flor de saúco Cóctel...................232
95. Prosecco y jugo de naranja Cóctel................................234
96. Maracuyá Cóctel...236
97. melocotones Cóctel Prosecco...238
98. Piña Cóctel Prosecco...240
99. Sangría Prosecco..242
100. Fresa Cóctel Prosecco..244
CONCLUSIÓN..246

INTRODUCCIÓN

¡Bienvenido a "BURBUJAS Y BOCADOS: EL ÚLTIMO LIBRO DE COCINA DE PROSECCO"! En este viaje culinario, exploraremos el encantador mundo del Prosecco y su increíble versatilidad en la cocina. Prosecco, con sus burbujas efervescentes y sabores vibrantes, aporta un toque de elegancia y sofisticación a cada plato que adorna. Desde desayunos hasta meriendas, platos principales e incluso condimentos, descubriremos los secretos para incorporar Prosecco en tus recetas favoritas, llevando tus creaciones culinarias a nuevas alturas.

En este libro de cocina encontrará una colección de recetas cuidadosamente seleccionadas que muestran las características únicas del Prosecco y resaltan su capacidad para realzar una amplia gama de sabores. Cada receta está elaborada con precisión y proporciona medidas detalladas de los ingredientes e instrucciones paso a paso para garantizar su éxito en la cocina. Ya sea que esté organizando una ocasión especial o simplemente quiera agregar un toque de brillo a sus comidas diarias, este libro de cocina lo inspirará a explorar el maravilloso mundo de los platos con infusión de Prosecco.

Así que toma una botella de tu Prosecco favorito, ponte el delantal y prepárate para embarcarte en una aventura culinaria que deleitará tu paladar e impresionará a tus invitados. Desde cócteles para el brunch hasta cenas gourmet, las posibilidades son infinitas cuando se trata de creaciones con infusión de Prosecco. ¡Saquemos el corcho y sumergámonos en el mundo de "BURBUJAS Y BOCADOS: EL ÚLTIMO LIBRO DE COCINA DE PROSECCO"!

DESAYUNO Y BRUNCH

1. Tortitas De Prosecco

INGREDIENTES:
- 1 taza de harina para todo uso
- 1 cucharada de azúcar
- 1 cucharadita de polvo para hornear
- ¼ cucharadita de sal
- 1 taza de Prosecco
- ¼ taza de leche
- 1 huevo
- 2 cucharadas de mantequilla derretida

INSTRUCCIONES:
a) En un tazón grande, mezcle la harina, el azúcar, el polvo para hornear y la sal.

b) En un recipiente aparte, combine el Prosecco, la leche, el huevo y la mantequilla derretida. Mezclar bien.

c) Vierta los ingredientes húmedos en los ingredientes secos y revuelva hasta que estén combinados. No haga sobre mezcla; algunos grumos están bien.

d) Calienta una sartén o plancha antiadherente a fuego medio y engrasa ligeramente con mantequilla o aceite en aerosol.

e) Vierta ¼ de taza de masa en la sartén para cada panqueque.

f) Cocine hasta que se formen burbujas en la superficie, luego voltee y cocine por el otro lado hasta que se doren.

g) Sirva los panqueques de Prosecco con sus aderezos favoritos, como bayas frescas, crema batida o jarabe de arce.

2. Ensalada De Frutas Prosecco

INGREDIENTES:
- 2 tazas de frutas frescas mixtas (como fresas, arándanos, frambuesas y duraznos en rodajas)
- $\frac{1}{2}$ taza de Prosecco
- 1 cucharada de miel
- Hojas de menta fresca para decorar.

INSTRUCCIONES:
a) En un tazón grande, combine la mezcla de frutas frescas.
b) En un recipiente aparte, mezcle el Prosecco y la miel hasta que estén bien combinados.
c) Vierta la mezcla de Prosecco sobre la fruta y revuelva suavemente para cubrir.
d) Deje reposar la ensalada de frutas durante unos 10 minutos para permitir que los sabores se mezclen.
e) Adorne con hojas de menta fresca y sirva frío.

3. Tostada Francesa Prosecco

INGREDIENTES:
- 4 rebanadas de pan (como brioche o pan francés)
- $\frac{3}{4}$ taza de Prosecco
- $\frac{1}{4}$ taza de leche
- 2 huevos
- 1 cucharada de azúcar
- $\frac{1}{2}$ cucharadita de extracto de vainilla
- Mantequilla para cocinar
- Azúcar en polvo para espolvorear (opcional)
- Bayas frescas para servir (opcional)

INSTRUCCIONES:
a) En un plato llano, mezcle el Prosecco, la leche, los huevos, el azúcar y el extracto de vainilla.

b) Calienta una sartén o plancha antiadherente a fuego medio y derrite un poco de mantequilla.

c) Sumerge cada rebanada de pan en la mezcla de Prosecco, dejándola en remojo durante unos segundos por cada lado.

d) Coloque el pan remojado en la sartén y cocine hasta que esté dorado por cada lado, aproximadamente 2-3 minutos por lado.

e) Repita con las rebanadas de pan restantes y agregue más mantequilla según sea necesario.

f) Espolvorea la tostada francesa de Prosecco con azúcar en polvo si lo deseas y sírvela con bayas frescas.

4. Parfait de yogur y prosecco

INGREDIENTES:
- 1 taza de yogur griego
- 2 cucharadas de miel
- $\frac{1}{2}$ cucharadita de extracto de vainilla
- 1 taza de granola
- 1 taza de bayas frescas mixtas
- $\frac{1}{4}$ de taza de Prosecco

INSTRUCCIONES:
a) En un tazón pequeño, mezcle el yogur griego, la miel y el extracto de vainilla hasta que quede suave.

b) En vasos o tazones para servir, coloque capas de la mezcla de yogur griego, granola, bayas frescas y un chorrito de Prosecco.

c) Repita las capas hasta utilizar los ingredientes, terminando con una cucharada de yogur griego y una pizca de granola encima.

d) Sirva inmediatamente como un delicioso parfait de yogur con infusión de Prosecco.

5. Crepes de frutos rojos y prosecco

INGREDIENTES:
PARA LAS CREPES:
- 1 taza de harina para todo uso
- 2 huevos
- $\frac{1}{2}$ taza de leche
- $\frac{1}{2}$ taza de Prosecco
- 1 cucharada de azúcar
- $\frac{1}{4}$ cucharadita de sal
- Mantequilla para cocinar

PARA EL LLENADO:
- 1 taza de bayas frescas mixtas
- $\frac{1}{4}$ de taza de Prosecco
- 2 cucharadas de azúcar en polvo

INSTRUCCIONES:

a) En una licuadora, combine la harina, los huevos, la leche, el Prosecco, el azúcar y la sal. Mezclar hasta que esté suave.

b) Calienta una sartén antiadherente o una sartén para crepes a fuego medio y engrasa ligeramente con mantequilla.

c) Vierta $\frac{1}{4}$ de taza de la masa de crepe en la sartén, girándola para formar una capa fina y uniforme.

d) Cocine el crepe durante unos 2 minutos, hasta que los bordes comiencen a levantarse y el fondo esté ligeramente dorado. Voltee y cocine el otro lado por un minuto más.

e) Repita con la masa restante, engrasando la sartén con mantequilla según sea necesario.

f) En una cacerola pequeña, caliente la mezcla de bayas frescas, Prosecco y azúcar en polvo a fuego lento hasta que las bayas suelten su jugo y la mezcla se espese un poco.

g) Vierta el relleno de frutos rojos sobre cada crepe y dóblelo formando un triángulo o enróllelo.

h) Sirva los crepes de frutos rojos Prosecco calientes con un poco más de azúcar en polvo si lo desea.

6. Quinua para el desayuno Prosecco

INGREDIENTES:
- 1 taza de quinua
- 2 tazas de Prosecco
- 1 taza de leche
- 2 cucharadas de miel
- $\frac{1}{2}$ cucharadita de extracto de vainilla
- Bayas frescas y nueces picadas para cubrir

INSTRUCCIONES:
a) Enjuague la quinua con agua fría hasta que el agua salga clara.
b) En una cacerola, hierva el Prosecco. Agrega la quinua enjuagada y reduce el fuego a bajo.
c) Tapa la cacerola y cocina a fuego lento durante unos 15-20 minutos hasta que la quinua esté tierna y el Prosecco se absorba.
d) En una cacerola aparte, caliente la leche, la miel y el extracto de vainilla hasta que estén bien calientes.
e) Una vez que la quinua esté cocida, vierte la mezcla de leche sobre ella y revuelve bien para combinar.
f) Sirva la quinua del desayuno Prosecco en tazones y cubra con bayas frescas y nueces picadas.

7. Gofres Prosecco

INGREDIENTES:
- 2 tazas de harina para todo uso
- 2 cucharadas de azúcar granulada
- 1 cucharada de polvo para hornear
- ½ cucharadita de sal
- 2 huevos grandes
- 1¾ tazas de jugo de naranja
- ¼ taza de mantequilla sin sal, derretida
- ¼ de taza de Prosecco
- Ralladura de 1 naranja

INSTRUCCIONES:
a) En un bol, mezcle la harina, el azúcar, el polvo para hornear y la sal.
b) En un bol aparte batir los huevos. Agrega el jugo de naranja, la mantequilla derretida, el Prosecco y la ralladura de naranja. Batir hasta que esté bien combinado.
c) Vierta los ingredientes húmedos en los ingredientes secos y revuelva hasta que estén combinados.
d) Precalienta tu plancha para gofres y engrasa ligeramente.
e) Vierta la masa en la plancha para gofres precalentada y cocine según las instrucciones del fabricante.
f) Sirva los gofres Prosecco con un poco de azúcar en polvo y una guarnición de rodajas de naranja fresca.

8. mini panqueques de Prosecco

INGREDIENTES:
PANQUEQUES:
- 2 tazas de mezcla para panqueques y waffles Bisquick Complete
- ⅔ taza de jugo de naranja fresco
- ⅔ taza de agua

CREMA Prosecco:
- ½ taza de queso mascarpone
- Cáscara rallada de 1 naranja mediana
- 5 cucharadas de azúcar en polvo
- ½ taza de Prosecco
- ⅓ taza de crema para batir

Ingredientes:
- 4 a 6 cucharadas de mermelada de naranja
- Cáscara de naranja para decorar

INSTRUCCIONES:
a) Calienta una plancha o sartén a fuego medio-alto (375°F) y unta con aceite vegetal.

b) En un tazón mediano, bate los ingredientes de los panqueques con un batidor. Use una cucharada o una pequeña bola de helado para verter la masa sobre la plancha caliente, formando mini rondas de panqueques. Cocine hasta que se rompan las burbujas en la superficie, luego voltee y cocine hasta que se doren. Transfiera los panqueques a una rejilla para enfriar.

c) En un tazón pequeño, bata el queso mascarpone, la piel de naranja y el azúcar glass con una batidora eléctrica a velocidad media hasta que estén bien batidos. Reduzca a velocidad baja y agregue suavemente el Prosecco hasta que quede suave. En otro tazón pequeño, bata la crema para batir a velocidad alta hasta que se formen picos rígidos. Con una espátula, incorpora suavemente la crema batida a la mezcla de mascarpone.

d) Para armar una pila de panqueques, coloque un mini panqueque en un plato o fuente para servir. Unte mermelada de naranja sobre el panqueque. Repita con dos panqueques más y mermelada. Cubra con crema Prosecco y decore con piel de naranja.

9. Donas De Prosecco Al Horno

INGREDIENTES:
DONAS:
- 3 tazas de harina
- 2 cucharaditas de polvo para hornear
- ½ cucharadita de sal marina
- 4 huevos
- ¾ taza de mantequilla derretida
- 1 taza de azúcar
- ½ taza de Prosecco
- 1 cucharadita de extracto de vainilla
- Ralladura y jugo de 2 naranjas ombligo grandes

VIDRIAR:
- 6 cucharadas de Prosecco
- 2 tazas de azúcar en polvo tamizada
- Ralladura de 1 naranja

INSTRUCCIONES:
a) Precalienta el horno a 350 grados Fahrenheit (175 grados Celsius). Engrasa una lata de donuts.

b) En un tazón grande, mezcle la harina, el polvo para hornear, la sal marina y la ralladura de naranja.

c) En otro bol, mezcle el azúcar, los huevos, el Prosecco, el jugo de naranja, la mantequilla derretida y el extracto de vainilla.

d) Agregue los ingredientes húmedos a los ingredientes secos y revuelva hasta que la masa esté suave y no queden bolsas secas.

e) Transfiera la masa a una manga pastelera o una bolsa ziplock con una esquina cortada. Vierta la masa en el molde para donas preparado.

f) Hornea las donas durante unos 15 minutos o hasta que la parte superior esté firme al tacto. La parte superior no debe quedar marrón. Puedes revisar la parte inferior de una dona para ver si se ha dorado.

g) Retire las donas de la sartén y déjelas enfriar a temperatura ambiente.

h) Mientras tanto, prepare el glaseado mezclando el Prosecco, el azúcar glass tamizada y la ralladura de naranja.

i) Una vez que las donas se hayan enfriado, sumerja cada una en el glaseado. Deje que el glaseado se endurezca y luego sumerja las donas nuevamente para obtener un doble glaseado.

j) ¡Disfruta de estas deliciosas donas de Prosecco al horno, aromatizadas con jugo de naranja fresco, ralladura y Prosecco burbujeante! Son un regalo perfecto para el postre o un desayuno especial.

10. Pan Prosecco

INGREDIENTES:
- 2 tazas de harina
- 2 cucharaditas de bicarbonato de sodio
- ½ cucharadita de sal
- 2 huevos
- ¼ taza de mantequilla derretida
- 1 taza de azúcar
- ½ taza de Prosecco
- ⅓ taza de crema agria
- ¼ taza de jugo de naranja
- 1 cucharada de ralladura de naranja
- Formación de hielo:
- ½ taza de azúcar en polvo
- ½ - 1 cucharada de Prosecco
- ½ cucharada de ralladura de naranja

INSTRUCCIONES:
a) Precalienta el horno a 350 grados F (175 grados C) y engrasa un molde para pan.
b) En un tazón pequeño, mezcle la harina, el bicarbonato de sodio y la sal. Dejar de lado.
c) En un tazón grande, bata los huevos, la mantequilla derretida y el azúcar. Agregue Prosecco, crema agria, jugo de naranja y ralladura de naranja.
d) Agregue lentamente los ingredientes secos a los ingredientes húmedos y mezcle hasta que estén combinados.
e) Transfiera la masa al molde para pan preparado y hornee durante 55-60 minutos o hasta que al insertar un palillo en el centro, éste salga limpio.

f) Deje que el pan se enfríe por completo antes de glasearlo.

g) En un tazón pequeño, mezcle todos los ingredientes del glaseado hasta que quede suave. Rocíe el glaseado sobre el pan enfriado.

h) ¡Disfruta de este delicioso pan de Prosecco, impregnado de los sabores del Prosecco y la ralladura de naranja! Es una delicia perfecta para el brunch, el desayuno o en cualquier momento en el que se te antoje un pan deliciosamente jugoso y cítrico.

11. Tostada Francesa Prosecco

INGREDIENTES:
- 6 rebanadas de pan grueso (por ejemplo, brioche o jalá)
- 4 huevos grandes
- $\frac{1}{2}$ taza de jugo de naranja
- $\frac{1}{4}$ de taza de Prosecco
- $\frac{1}{4}$ taza de leche
- 1 cucharada de ralladura de naranja
- $\frac{1}{2}$ cucharadita de extracto de vainilla
- Mantequilla para freír
- Azúcar en polvo para espolvorear
- Bayas frescas para cubrir
- Sirope de arce para servir

INSTRUCCIONES:
a) En un plato llano, mezcle los huevos, el jugo de naranja, el Prosecco, la leche, la ralladura de naranja y el extracto de vainilla.
b) Sumerge cada rebanada de pan en la mezcla, dejándola en remojo durante unos segundos por cada lado.
c) Precalienta una sartén grande a fuego medio y agrega un poco de mantequilla para cubrir la sartén.
d) Cocine las rebanadas de pan remojadas hasta que estén doradas y crujientes por ambos lados.
e) Transfiera las tostadas francesas a platos para servir, espolvoree con azúcar en polvo y cubra con bayas frescas.
f) Sirva con jarabe de arce a un lado.

12. Avena Prosecco durante la noche

INGREDIENTES:
- 1 taza de copos de avena
- 1 taza de jugo de naranja
- ½ taza de yogur griego
- ¼ de taza de Prosecco
- 1 cucharada de miel
- 1 cucharadita de ralladura de naranja
- Frutas frescas en rodajas para cubrir (roble, naranjas, bayas)
- Almendras tostadas o nueces para que queden crujientes (opcional)

INSTRUCCIONES:
a) En un tazón, combine los copos de avena, el jugo de naranja, el yogur griego, el Prosecco, la miel y la ralladura de naranja.

b) Revuelva bien para asegurarse de que todos los ingredientes estén completamente combinados.

c) Cubra el recipiente con film transparente o una tapa y refrigérelo durante la noche.

d) Por la mañana, revuelve la avena y agrega un chorrito de jugo de naranja o yogur si es necesario para ajustar la consistencia.

e) Cubra con fruta fresca en rodajas y nueces tostadas si lo desea.

13. Hueveras de Prosecco

INGREDIENTES:

- 6 rebanadas de tocino cocido
- 6 huevos grandes
- ¼ taza de jugo de naranja
- ¼ de taza de Prosecco
- Sal y pimienta para probar
- Cebollino fresco para decorar

INSTRUCCIONES:

a) Precalienta tu horno a 375°F (190°C). Engrase un molde para muffins o use moldes para muffins de silicona.

b) Forre cada taza con una rebanada de tocino cocido, formando un círculo.

c) En un tazón pequeño, mezcle los huevos, el jugo de naranja, el Prosecco, la sal y la pimienta.

d) Vierta la mezcla de huevo en cada taza forrada con tocino, llenándola aproximadamente hasta ⅔ de su capacidad.

e) Hornea en el horno precalentado durante 15-18 minutos o hasta que los huevos estén cuajados.

f) Retira las hueveras del horno, déjalas enfriar un poco y decora con cebollino fresco.

14. bollos de prosecco

INGREDIENTES:

- 2 tazas de harina para todo uso
- ¼ taza de azúcar granulada
- 1 cucharada de polvo para hornear
- ½ cucharadita de sal
- ½ taza de mantequilla fría sin sal, cortada en cubos pequeños
- ¼ taza de crema espesa
- ¼ taza de jugo de naranja
- ¼ de taza de Prosecco
- 1 cucharadita de ralladura de naranja
- ½ taza de arándanos secos o pasas doradas (opcional)
- 1 huevo grande, batido (para batir el huevo)
- Azúcar gorda para espolvorear

INSTRUCCIONES:

a) Precalienta tu horno a 400°F (200°C). Cubra una bandeja para hornear con papel pergamino.

b) En un tazón grande, mezcle la harina, el azúcar, el polvo para hornear y la sal.

c) Agregue los cubos de mantequilla fría a los ingredientes secos y córtelos con un cortador de masa o dos cuchillos hasta que la mezcla parezca migajas gruesas.

d) En un recipiente aparte, mezcle la crema espesa, el jugo de naranja, el Prosecco y la ralladura de naranja.

e) Vierta los ingredientes húmedos en la mezcla seca y revuelva hasta que estén combinados. Agregue los arándanos secos o las pasas doradas si las usa.

f) Transfiera la masa a una superficie enharinada y déle golpecitos hasta formar un círculo de aproximadamente 1 pulgada de grosor. Corta el círculo en 8 trozos.

g) Coloque los bollos en la bandeja para hornear preparada, unte la parte superior con el huevo batido y espolvoree con azúcar gruesa.

h) Hornee en el horno precalentado durante 15-18 minutos o hasta que los bollos estén dorados.

i) Deje que los bollos se enfríen un poco antes de servir.

15. Quiche de desayuno con prosecco

INGREDIENTES:
- 1 base de pastel lista para usar
- 4 huevos grandes
- ½ taza de jugo de naranja
- ½ taza de Prosecco
- ½ taza de crema espesa
- ½ taza de queso cheddar rallado
- ¼ taza de tocino cocido y desmenuzado
- ¼ de taza de cebollas verdes picadas
- Sal y pimienta para probar
- Perejil fresco para decorar

INSTRUCCIONES:
a) Precalienta tu horno a 375°F (190°C).
b) Extienda la masa de pastel y colóquela en un molde para pastel de 9 pulgadas. Engarza los bordes como desees.
c) En un bol, mezcle los huevos, el jugo de naranja y el Prosecco hasta que estén bien combinados.
d) Agregue la crema espesa, el queso cheddar rallado, el tocino desmenuzado, las cebollas verdes picadas, la sal y la pimienta. Revuelve para combinar.
e) Vierta la mezcla de huevo en la base de pastel preparada.
f) Hornea la quiche en el horno precalentado durante 30-35 minutos o hasta que el centro esté listo y la parte superior dorada.
g) Retira la quiche del horno y déjala enfriar unos minutos antes de cortarla.
h) Adorne con perejil fresco y sirva caliente.

APERITIVOS

16. Bruschetta con reducción de Prosecco

INGREDIENTES:
- Baguette, cortada en rodajas
- 1 cucharada de aceite de oliva
- 1 taza de queso ricota
- Ralladura de 1 limón
- 1 cucharada de miel
- 1 taza de bayas frescas mixtas
- Hojas de menta fresca para decorar.
- Reducción de Prosecco (preparada cocinando a fuego lento Prosecco hasta que espese)

INSTRUCCIONES:
a) Precalienta el horno a 350°F (175°C).
b) Unte las rebanadas de baguette con aceite de oliva y colóquelas en una bandeja para hornear.
c) Tuesta las rodajas de baguette en el horno durante unos 8-10 minutos o hasta que estén ligeramente doradas.
d) En un tazón pequeño, mezcle el queso ricotta, la ralladura de limón y la miel hasta que estén bien combinados.
e) Unte una cucharada de la mezcla de ricotta sobre cada barra de baguette tostada.
f) Cubra la ricota con una mezcla de bayas frescas.
g) Rocíe la reducción de Prosecco sobre la bruschetta.
h) Adorne con hojas de menta fresca.

17. Aceitunas Marinadas Prosecco

INGREDIENTES:
- 1 taza de aceitunas mixtas (como Kalamata, verdes o negras)
- $\frac{1}{4}$ de taza de Prosecco
- 2 cucharadas de aceite de oliva
- 2 dientes de ajo, picados
- 1 cucharadita de hierbas italianas secas (como orégano o tomillo)
- Hojuelas de pimiento rojo (opcional)

INSTRUCCIONES:

a) En un tazón, combine las aceitunas, el Prosecco, el aceite de oliva, el ajo picado, las hierbas italianas secas y las hojuelas de pimiento rojo, si lo desea.

b) Mezcle las aceitunas en la marinada hasta que estén bien cubiertas.

c) Cubra el tazón y refrigere durante al menos 1 hora o toda la noche para permitir que se desarrollen los sabores.

d) Sirva las aceitunas marinadas en Prosecco como un refrigerio sabroso y salado.

18. Brochetas De Camarones Prosecco

INGREDIENTES:
- 1 libra de camarones grandes, pelados y desvenados
- $\frac{1}{4}$ de taza de Prosecco
- 2 cucharadas de aceite de oliva
- 2 dientes de ajo, picados
- 1 cucharada de perejil fresco, picado
- Sal y pimienta para probar
- Rodajas de limón para servir

INSTRUCCIONES:
a) En un bol, combine el Prosecco, el aceite de oliva, el ajo picado, el perejil fresco, la sal y la pimienta.
b) Agregue los camarones pelados y desvenados a la marinada y revuelva para cubrir.
c) Cubra el tazón y refrigere durante al menos 30 minutos para permitir que los sabores se infundan.
d) Precalienta la parrilla o sartén a fuego medio-alto.
e) Ensarte los camarones marinados en brochetas.
f) Ase las brochetas de camarones durante 2-3 minutos por lado o hasta que los camarones estén rosados y opacos.
g) Sirva las brochetas de camarones Prosecco con rodajas de limón para disfrutar de un refrigerio delicioso y lleno de proteínas.

19. Champiñones Rellenos De Queso De Cabra

INGREDIENTES:
- 12 champiñones grandes o cremini
- $\frac{1}{4}$ de taza de Prosecco
- 4 onzas de queso de cabra
- 2 cucharadas de cebollino fresco, picado
- Sal y pimienta para probar

INSTRUCCIONES:
a) Precalienta el horno a 375°F (190°C).
b) Retire los tallos de los champiñones y reserve.
c) En una fuente para horno, vierte el Prosecco y coloca las tapas de los champiñones boca abajo en la fuente.
d) Hornea las tapas de los champiñones durante unos 10 minutos para ablandarlas.
e) Mientras tanto, pique finamente los tallos de los champiñones.
f) En un bol, mezcle los tallos de los champiñones picados, el queso de cabra, el cebollino, la sal y la pimienta.
g) Retire las tapas de los champiñones del horno y escurra el exceso de Prosecco.
h) Rellena cada tapa de champiñones con la mezcla de queso de cabra.
i) Regrese los champiñones rellenos al horno y hornee por otros 10-12 minutos o hasta que el relleno esté dorado y burbujeante.
j) Sirve los champiñones rellenos de Prosecco y queso de cabra como un snack sabroso y elegante.

20. Ceviche Proseco

INGREDIENTES:

- 1 libra de filetes de pescado blanco (como pargo o tilapia), cortados en cubos pequeños
- 1 taza de Prosecco
- ½ taza de jugo de lima
- ¼ taza de jugo de naranja
- ¼ de taza de cebolla morada, finamente picada
- 1 jalapeño, sin semillas y picado
- ¼ de taza de cilantro fresco, picado
- Sal y pimienta para probar
- Chips de tortilla o chips de plátano para servir

INSTRUCCIONES:

a) En un recipiente de vidrio, combine los cubitos de pescado, el Prosecco, el jugo de lima y el jugo de naranja.

b) Agregue la cebolla morada picada, el jalapeño picado y el cilantro picado.

c) Sazone con sal y pimienta al gusto.

d) Cubra el recipiente y refrigere durante aproximadamente 2-3 horas, revolviendo ocasionalmente, hasta que el pescado esté opaco y "cocido" por los jugos de los cítricos.

e) Sirva el ceviche Prosecco frío con chips de tortilla o chips de plátano para disfrutar de un refrigerio ligero y picante.

21. Peras escalfadas con prosecco

INGREDIENTES:
- 4 peras maduras, peladas y sin corazón
- 2 tazas de Prosecco
- 1 taza de agua
- ½ taza de azúcar
- 1 rama de canela
- 4 dientes enteros
- Nata montada o helado de vainilla para servir

INSTRUCCIONES:
a) En una cacerola grande, combine el Prosecco, el agua, el azúcar, la rama de canela y los clavos enteros.

b) Calienta la mezcla a fuego medio hasta que el azúcar se disuelva y el líquido hierva a fuego lento.

c) Añade las peras peladas y sin corazón al líquido para escalfar.

d) Cocine a fuego lento las peras en la mezcla de Prosecco durante unos 20-30 minutos o hasta que estén tiernas al pincharlas con un tenedor.

e) Retirar la cacerola del fuego y dejar enfriar las peras en el líquido.

f) Una vez enfriadas, retira las peras del líquido y colócalas en tazones para servir.

g) Sirve las peras escalfadas al Prosecco con un chorrito del líquido para escalfar y una cucharada de nata montada o una bola de helado de vainilla.

22. Brochetas de fruta Prosecco

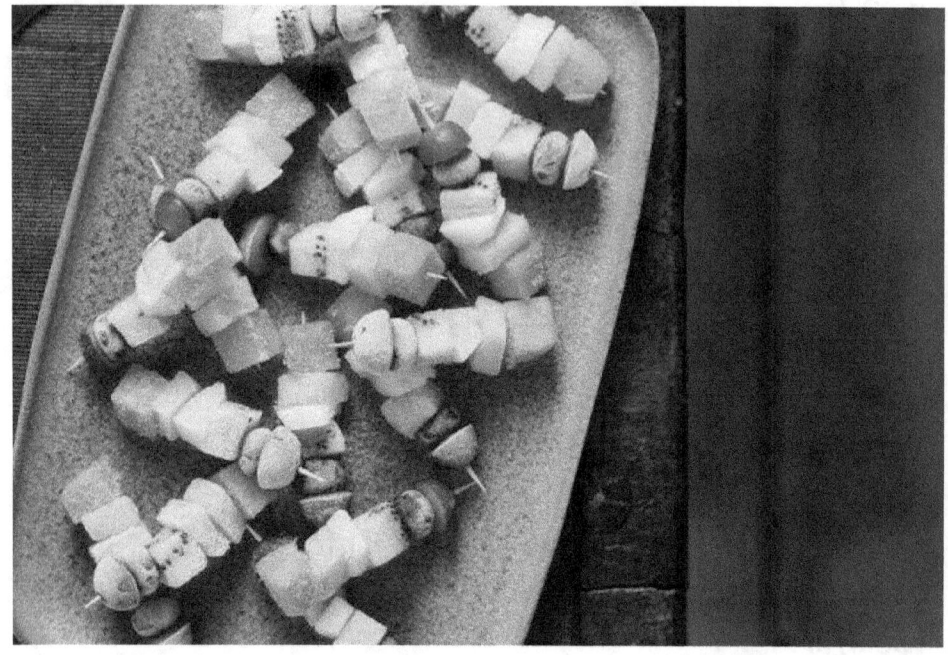

INGREDIENTES:
- Frutas frescas variadas (como fresas, uvas, trozos de piña y bolas de melón)
- 1 taza de Prosecco
- Palillos de madera

INSTRUCCIONES:
a) Ensarte las frutas frescas en brochetas de madera, alternando las frutas para obtener una presentación colorida.
b) Coloque las brochetas de frutas en un plato poco profundo o en una fuente para hornear.
c) Vierte el Prosecco sobre las brochetas de frutas, asegurándote de que queden bien cubiertas.
d) Cubra el plato o sartén y refrigere durante al menos 1 hora para permitir que las frutas absorban los sabores del Prosecco.
e) Sirve las brochetas de fruta de Prosecco frías como un snack refrescante y jugoso.

23. Palomitas de Prosecco

INGREDIENTES:
- 8 tazas de palomitas de maíz reventadas
- $\frac{1}{4}$ taza de mantequilla sin sal, derretida
- 2 cucharadas de Prosecco
- 1 cucharadita de ralladura de naranja
- 1 cucharada de azúcar en polvo

INSTRUCCIONES:
a) En un tazón grande, combine la mantequilla derretida, el Prosecco y la ralladura de naranja.
b) Rocíe la mezcla de mantequilla sobre las palomitas de maíz infladas y revuelva suavemente para cubrir uniformemente.
c) Espolvoree azúcar en polvo sobre las palomitas de maíz y revuelva nuevamente para combinar.
d) Sirva inmediatamente o guárdelo en un recipiente hermético para más tarde.

24. Guacamole Prosecco

INGREDIENTES:

- 2 aguacates maduros, triturados
- $\frac{1}{4}$ de taza de cebolla morada picada
- $\frac{1}{4}$ de taza de tomates cortados en cubitos
- $\frac{1}{4}$ de taza de cilantro picado
- 1 jalapeño, sin semillas y finamente picado
- 2 cucharadas de jugo de lima fresco
- 2 cucharadas de Prosecco
- Sal y pimienta para probar

INSTRUCCIONES:

a) En un tazón mediano, combine el puré de aguacate, la cebolla morada, los tomates, el cilantro y el jalapeño.

b) Agrega el jugo de lima fresco y el Prosecco.

c) Sazone con sal y pimienta al gusto.

d) Sirva con chips de tortilla o palitos de verduras para mojar.

25. Bruschetta de Prosecco

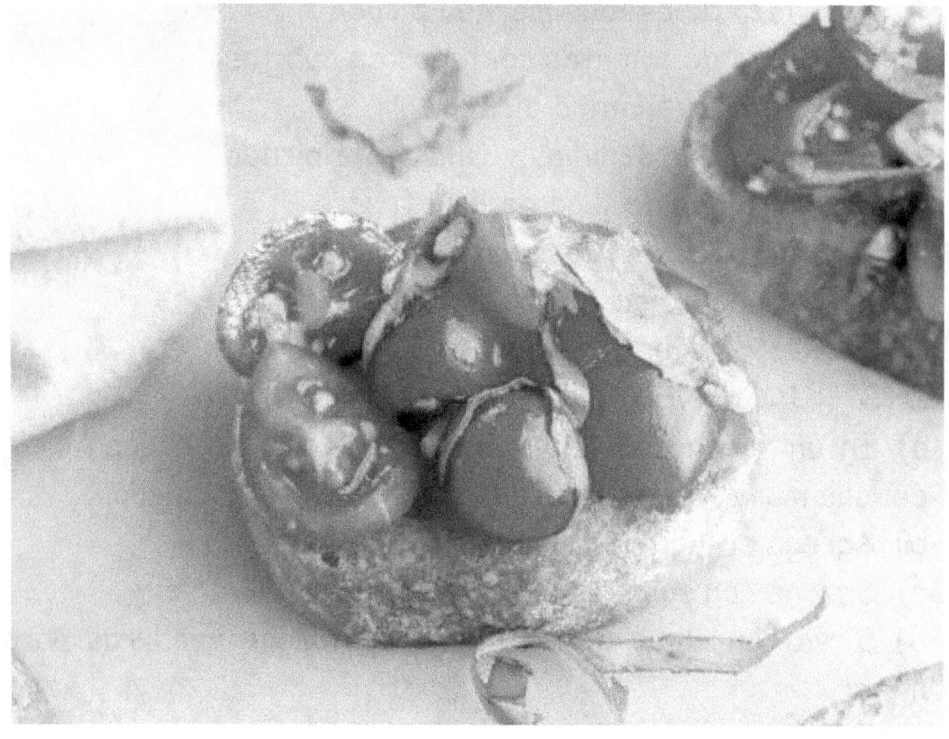

INGREDIENTES:
- baguette, en rodajas
- 1 taza de tomates cherry, cortados por la mitad
- ¼ de taza de cebolla morada picada
- 2 cucharadas de albahaca fresca picada
- 1 cucharada de vinagre Prosecco
- 1 cucharada de aceite de oliva
- 1 cucharadita de miel
- Sal y pimienta para probar

INSTRUCCIONES:
a) Precalienta el horno a 350°F (175°C).
b) Coloca las rebanadas de baguette en una bandeja para hornear y tuéstalas en el horno hasta que estén ligeramente crujientes.
c) En un bol, combine los tomates cherry, la cebolla morada, la albahaca, el vinagre Prosecco, el aceite de oliva, la miel, la sal y la pimienta.
d) Vierta la mezcla de tomate sobre las rebanadas de baguette tostadas.
e) Sirve inmediatamente como un delicioso y elegante snack.

26. Fresas Rellenas De Prosecco

INGREDIENTES:
- 1 taza de fresas frescas
- 4 onzas de queso crema, ablandado
- 2 cucharadas de azúcar en polvo
- 1 cucharadita de ralladura de naranja
- 1 cucharada de Prosecco
- Hojas de menta fresca para decorar.

INSTRUCCIONES:

a) Enjuague las fresas y córteles la parte superior. Ahueque con cuidado el centro de cada fresa con un cuchillo pequeño o una sacabolas para melón.

b) En un tazón, combine el queso crema ablandado, el azúcar en polvo, la ralladura de naranja y el Prosecco.

c) Vierta la mezcla de queso crema en las fresas ahuecadas.

d) Adorne cada fresa rellena con una hoja de menta fresca.

e) Refrigere hasta que esté listo para servir.

27. Bocaditos de pepino y prosecco

INGREDIENTES:
- 1 pepino grande, rebanado
- 4 onzas de queso crema, ablandado
- 1 cucharada de eneldo fresco picado
- 1 cucharada de Prosecco
- Salmón ahumado (opcional)
- Ralladura de limón para decorar

INSTRUCCIONES:

a) En un tazón, mezcle el queso crema ablandado, el eneldo picado y el Prosecco hasta que estén bien combinados.

b) Unte una pequeña cantidad de la mezcla de queso crema en cada rodaja de pepino.

c) Si lo desea, cubra con un trozo de salmón ahumado.

d) Adorne con ralladura de limón.

e) Sirve los bocados de pepino como un snack elegante y refrescante.

28. Mezcla de frutos secos Prosecco

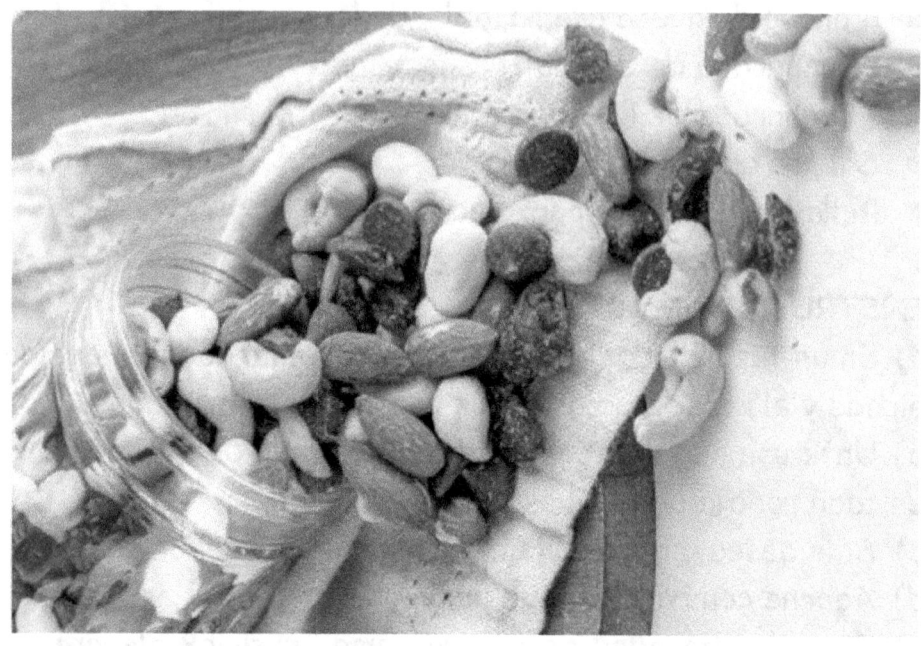

INGREDIENTES:
- 1 taza de almendras tostadas
- 1 taza de arándanos secos
- 1 taza de chispas de chocolate blanco
- $\frac{1}{4}$ taza de ralladura de naranja
- 2 cucharadas de Prosecco

INSTRUCCIONES:
a) En un tazón grande, combine las almendras tostadas, los arándanos secos y las chispas de chocolate blanco.

b) En un tazón pequeño aparte, mezcle la ralladura de naranja y el Prosecco para crear un glaseado.

c) Rocíe el glaseado de naranja sobre la mezcla de frutos secos y revuelva para cubrir uniformemente.

d) Extienda la mezcla de frutos secos en una bandeja para hornear y déjela reposar.

e) Guárdelo en un recipiente hermético para disfrutar de un refrigerio sabroso e indulgente.

29. Bocaditos energéticos de Prosecco

INGREDIENTES:
- 1 taza de avena a la antigua
- ½ taza de mantequilla de almendras
- ⅓ taza de miel
- ¼ de taza de linaza molida
- ¼ taza de orejones picados
- ¼ de taza de arándanos secos picados
- ¼ taza de coco rallado
- 1 cucharada de ralladura de naranja
- 2 cucharadas de Prosecco

INSTRUCCIONES:
a) En un tazón grande, combine la avena, la mantequilla de almendras, la miel, la linaza molida, los orejones, los arándanos secos, el coco rallado y la ralladura de naranja.
b) Rocíe el Prosecco sobre la mezcla y revuelva hasta que esté bien combinado.
c) Enrolle la mezcla en bolitas y colóquelas en una bandeja para hornear forrada con papel pergamino.
d) Refrigere los bocados energéticos durante al menos 30 minutos para que cuajen.
e) Guarde los bocados energéticos en el refrigerador para disfrutar de un refrigerio rápido y saludable.

PLATO PRINCIPAL

30. Risotto de Prosecco con Camarones

INGREDIENTES:
- 1 libra de camarones, pelados y desvenados
- 1 taza de arroz arborio
- 3 tazas de caldo de verduras
- 1 taza de Prosecco
- ½ taza de queso parmesano rallado
- 1 cucharada de mantequilla
- 1 chalota, finamente picada
- 2 dientes de ajo, picados
- Sal y pimienta para probar
- Perejil fresco para decorar

INSTRUCCIONES:
a) En una sartén grande, derrita la mantequilla a fuego medio.
b) Agrega la chalota y el ajo a la sartén y cocina hasta que se ablanden.
c) Agrega el arroz Arborio a la sartén y revuelve para cubrir con la mantequilla.
d) Vierta el Prosecco y cocine hasta que el arroz lo absorba.
e) Agregue gradualmente el caldo de verduras, aproximadamente ½ taza cada hora, revolviendo constantemente hasta que se absorba cada adición antes de agregar más.
f) Continúa este proceso hasta que el arroz esté cocido al dente y tenga una consistencia cremosa.
g) Agrega el queso parmesano rallado y sazona con sal y pimienta al gusto.
h) En una sartén aparte, cocine los camarones hasta que estén rosados y bien cocidos.

i) Sirva el risotto de Prosecco en tazones, cubra con los camarones cocidos y decore con perejil fresco.

31. Piccata de pollo al prosecco

INGREDIENTES:
- 4 pechugas de pollo deshuesadas y sin piel
- ½ taza de harina para todo uso
- Sal y pimienta para probar
- 2 cucharadas de aceite de oliva
- 2 dientes de ajo, picados
- ½ taza de Prosecco
- ½ taza de caldo de pollo
- 2 cucharadas de alcaparras
- Jugo de 1 limón
- 2 cucharadas de mantequilla
- Perejil fresco para decorar

INSTRUCCIONES:
a) Sazona las pechugas de pollo con sal y pimienta.
b) En un plato poco profundo, combine la harina con sal y pimienta.
c) Drene las pechugas de pollo en la mezcla de harina, sacudiendo el exceso.
d) En una sartén grande, calienta el aceite de oliva a fuego medio.
e) Agregue las pechugas de pollo a la sartén y cocine hasta que estén doradas por ambos lados y bien cocidas.
f) Retire el pollo de la sartén y reserve.
g) En la misma sartén, agrega el ajo picado y cocina por 1 minuto aproximadamente.
h) Vierta el Prosecco y el caldo de pollo, raspando el fondo de la sartén para aflojar los trozos dorados.
i) Agregue las alcaparras y el jugo de limón.
j) Lleve la salsa a fuego lento y cocine durante unos minutos para que se reduzca y espese un poco.

k) Agrega la mantequilla hasta que se derrita y se incorpore a la salsa.

l) Regresa las pechugas de pollo a la sartén y cúbrelas con la salsa.

m) Adorne con perejil fresco y sirva la piccata de pollo Prosecco con las guarniciones que elija.

32. Salmón con semillas tostadas y prosecco

INGREDIENTES:
- 4 filetes de salmón
- Sal y pimienta, dos gustos.
- 2 cucharadas de aceite de oliva
- 2 cucharadas de semillas mixtas (como sésamo, calabaza o girasol)
- 1 taza de Prosecco o cualquier vino blanco espumoso
- 1 taza de crema espesa
- 2 cucharadas de eneldo fresco, picado
- 1 limón, en rodajas (para decorar)

INSTRUCCIONES:

a) Sazone los filetes de salmón con sal y pimienta por ambos lados.

b) Calienta el aceite de oliva en una sartén grande a fuego medio. Agregue los filetes de salmón, con la piel hacia abajo, y cocine durante unos 4-5 minutos hasta que la piel esté crujiente y dorada. Voltee los filetes y cocine por 3-4 minutos más, o hasta que el salmón esté cocido al nivel deseado de cocción. Retire el salmón de la sartén y reserve.

c) En la misma sartén, agregue las semillas mezcladas y tuéstelas a fuego medio durante unos 2-3 minutos hasta que adquieran aroma y estén ligeramente doradas. Retire las semillas de la sartén y reserve.

d) Desglase la sartén agregando el Prosecco, raspando el fondo de la sartén para aflojar los trozos dorados. Deja que el Prosecco hierva a fuego lento durante un par de minutos hasta que se reduzca ligeramente.

e) Agregue la crema espesa y continúe cocinando la salsa a fuego lento durante unos 5 minutos hasta que espese un poco. Sazone con sal y pimienta al gusto.

f) Regrese los filetes de salmón a la sartén y cocine por 2-3 minutos más, permitiendo que se calienten y absorban parte de la salsa.

g) Espolvorea las semillas tostadas y el eneldo picado sobre los filetes de salmón.

h) Sirve el salmón con la salsa Prosecco en platos individuales. Adorne con rodajas de limón.

i) ¡Disfruta de tu delicioso Salmón con Semillas Tostadas y Salsa Prosecco!

33. Pasta Prosecco Boloñesa

INGREDIENTES:
- 1 libra de carne molida
- 1 cebolla, finamente picada
- 2 dientes de ajo, picados
- ½ taza de Prosecco
- 1 lata (14 onzas) de tomates triturados
- ¼ taza de pasta de tomate
- 1 cucharadita de orégano seco
- 1 cucharadita de albahaca seca
- Sal y pimienta para probar
- ¼ taza de crema espesa
- Pasta cocida de su elección (como espaguetis o fettuccine)
- Queso parmesano rallado para servir
- Hojas de albahaca fresca para decorar.

INSTRUCCIONES:
a) En una sartén grande, cocina la carne molida a fuego medio hasta que se dore.
b) Agrega la cebolla picada y el ajo picado a la sartén y cocina hasta que se ablanden.
c) Vierta el Prosecco y cocine por unos minutos para permitir que se evapore el alcohol.
d) Agregue los tomates triturados, la pasta de tomate, el orégano seco y la albahaca seca.
e) Sazone con sal y pimienta al gusto.
f) Cocine la salsa a fuego lento durante unos 20-30 minutos para permitir que se desarrollen los sabores.
g) Agregue la crema espesa y cocine por 5 minutos más.
h) Sirva la salsa Prosecco boloñesa sobre pasta cocida.

i) Espolvorea con queso parmesano rallado y decora con hojas de albahaca fresca.

34. Risotto de champiñones y prosecco

INGREDIENTES:
- 1 taza de arroz arborio
- 4 tazas de caldo de verduras
- 1 taza de Prosecco
- 2 cucharadas de aceite de oliva
- 1 cebolla, finamente picada
- 8 onzas de champiñones, rebanados
- 2 dientes de ajo, picados
- $\frac{1}{4}$ taza de queso parmesano rallado
- Sal y pimienta para probar
- Perejil fresco para decorar

INSTRUCCIONES:
a) En una cacerola, calienta el caldo de verduras y el Prosecco a fuego medio hasta que esté caliente.
b) En una sartén grande aparte, caliente el aceite de oliva a fuego medio.
c) Agrega la cebolla picada a la sartén y cocina hasta que se ablande.
d) Agregue los champiñones en rodajas y el ajo picado y cocine hasta que los champiñones estén tiernos y ligeramente dorados.
e) Agrega el arroz Arborio a la sartén y revuelve para cubrir los granos con la mezcla de champiñones.
f) Agregue gradualmente la mezcla de caldo de verduras caliente, aproximadamente $\frac{1}{2}$ taza a la vez, revolviendo constantemente hasta que se absorba cada adición antes de agregar más.
g) Continúa este proceso hasta que el arroz esté cocido al dente y tenga una consistencia cremosa.

h) Agrega el queso parmesano rallado y sazona con sal y pimienta al gusto.

i) Adorne con perejil fresco y sirva el risotto de champiñones Prosecco como delicioso plato principal.

35. Pollo Con Salsa Pomodoro Y Prosecco

INGREDIENTES:

- 4 pechugas de pollo deshuesadas y sin piel
- Sal y pimienta, dos gustos.
- 2 cucharadas de aceite de oliva
- 1 cebolla pequeña, finamente picada
- 3 dientes de ajo, picados
- 1 lata (14 onzas) de tomates cortados en cubitos
- ½ taza de Prosecco o cualquier vino blanco espumoso
- ¼ taza de pasta de tomate
- 1 cucharadita de albahaca seca
- 1 cucharadita de orégano seco
- ½ cucharadita de azúcar
- ¼ de cucharadita de hojuelas de pimiento rojo (opcional, para darle un poco de picante)
- Hojas de albahaca fresca, para decorar.
- Queso parmesano rallado, para servir

INSTRUCCIONES:

a) Sazone las pechugas de pollo con sal y pimienta por ambos lados.

b) Calienta el aceite de oliva en una sartén grande a fuego medio-alto. Agregue las pechugas de pollo y cocine durante unos 5-6 minutos por lado hasta que estén doradas y bien cocidas. Retire el pollo de la sartén y reserve.

c) En la misma sartén agrega la cebolla y el ajo picados. Saltee durante 2-3 minutos hasta que la cebolla se vuelva transparente y el ajo esté fragante.

d) Agregue los tomates cortados en cubitos, el Prosecco, la pasta de tomate, la albahaca seca, el orégano seco, el azúcar y las hojuelas de pimiento rojo (si se usa) a la sartén. Revuelva bien para combinar todos los ingredientes.

e) Reduzca el fuego a bajo y cocine a fuego lento la salsa durante unos 10 a 15 minutos, permitiendo que los sabores se mezclen y la salsa se espese un poco. Sazone con sal y pimienta adicionales, si es necesario.

f) Regrese las pechugas de pollo cocidas a la sartén y colóquelas en la salsa. Vierta un poco de salsa sobre el pollo.

g) Continúe cocinando a fuego lento el pollo en la salsa durante otros 5 minutos, o hasta que esté completamente caliente.

h) Adorne el pollo con hojas de albahaca fresca y espolvoree con queso parmesano rallado.

i) Sirva el pollo con salsa Pomodoro y Prosecco sobre pasta, arroz o con pan crujiente a un lado.

36. Costillas De Res Estofadas Con Prosecco

INGREDIENTES:
- 4 costillas de res
- Sal y pimienta para probar
- 2 cucharadas de aceite de oliva
- 1 cebolla, picada
- 2 zanahorias, picadas
- 2 tallos de apio, picados
- 4 dientes de ajo, picados
- 2 tazas de Prosecco
- 2 tazas de caldo de res
- 2 ramitas de tomillo fresco
- 2 ramitas de romero fresco
- 1 hoja de laurel
- Perejil fresco para decorar

INSTRUCCIONES:
a) Precalienta el horno a 325°F (163°C).
b) Sazone las costillas de res con sal y pimienta.
c) En una olla grande o en una olla apta para horno, caliente el aceite de oliva a fuego medio-alto.
d) Dore las costillas por todos lados, luego retírelas de la olla y reserve.
e) En la misma olla, agrega la cebolla picada, la zanahoria, el apio y el ajo picado.
f) Cocine las verduras hasta que estén blandas y ligeramente caramelizadas.
g) Vierta el Prosecco y el caldo de res y deje que el líquido hierva a fuego lento.
h) Vuelva a colocar las costillas doradas en la olla, junto con las ramitas de tomillo fresco, romero y laurel.

i) Cubre la olla con una tapa y transfiérala al horno precalentado.

j) Cocine las costillas en el horno durante aproximadamente 2 a 3 horas, o hasta que la carne esté tierna y se desprenda del hueso.

k) Retiramos la olla del horno y retiramos el exceso de grasa de la superficie.

l) Sirva las costillas de ternera estofadas en Prosecco con el líquido para estofar y decore con perejil fresco.

37. Pollo A La Parrilla Marinado Con Prosecco

INGREDIENTES:
- 4 pechugas de pollo deshuesadas y sin piel
- 1 taza de Prosecco
- $\frac{1}{4}$ taza de aceite de oliva
- Jugo de 1 limón
- 2 dientes de ajo, picados
- 1 cucharada de hierbas frescas picadas (como romero, tomillo o perejil)
- Sal y pimienta para probar
- Rodajas de limón para servir
- Hierbas frescas para decorar

INSTRUCCIONES:
a) En un bol, mezcle el Prosecco, el aceite de oliva, el jugo de limón, el ajo picado, las hierbas frescas picadas, la sal y la pimienta.

b) Coloque las pechugas de pollo en una bolsa de plástico con cierre o en un plato poco profundo y vierta la marinada de Prosecco sobre ellas.

c) Selle la bolsa o cubra el plato y refrigere durante al menos 1 hora, o toda la noche para obtener el mejor sabor.

d) Precalienta la parrilla a fuego medio-alto.

e) Retire las pechugas de pollo de la marinada, dejando que se escurra el exceso de marinada.

f) Ase el pollo durante unos 6 a 8 minutos por lado, o hasta que esté bien cocido y ya no esté rosado en el centro.

g) Retira el pollo de la parrilla y déjalo reposar unos minutos.

h) Sirva el pollo asado marinado en Prosecco con rodajas de limón y decore con hierbas frescas.

POSTRE

38. pastel de prosecco

INGREDIENTES:
PARA EL PASTEL:
- 2 ½ tazas de harina para todo uso
- 2 ½ cucharaditas de polvo para hornear
- ½ cucharadita de sal
- 1 taza de mantequilla sin sal, ablandada
- 2 tazas de azúcar granulada
- 4 huevos grandes
- 1 cucharadita de extracto de vainilla
- 1 taza de Prosecco (vino espumoso)
- ¼ taza de leche

PARA EL HELADO DE CREMA DE MANTEQUILLA DE PROSECCO:
- 1 ½ tazas de mantequilla sin sal, ablandada
- 4 tazas de azúcar en polvo
- ¼ de taza de Prosecco (vino espumoso)
- 1 cucharadita de extracto de vainilla

DECORACIÓN OPCIONAL:
- perlas comestibles
- moras frecas
- Azúcar espumoso

INSTRUCCIONES:
PARA EL PASTEL:
a) Precalienta el horno a 180 °C (350 °F) y engrasa y enharina dos moldes para pasteles redondos de 9 pulgadas.
b) En un tazón mediano, mezcle la harina, el polvo para hornear y la sal. Dejar de lado.
c) En un tazón grande, mezcle la mantequilla ablandada y el azúcar granulada hasta que esté suave y esponjosa.

d) Agrega los huevos, uno a la vez, batiendo bien después de cada adición. Agregue el extracto de vainilla.

e) Agrega poco a poco los ingredientes secos a la mezcla de mantequilla, alternando con el Prosecco, comenzando y terminando con los ingredientes secos. Mezcle hasta que esté combinado.

f) Agregue la leche y mezcle hasta que la masa esté suave.

g) Divida la masa en partes iguales entre los moldes para pasteles preparados, alisando la parte superior con una espátula.

h) Hornea en el horno precalentado durante aproximadamente 25-30 minutos o hasta que al insertar un palillo en el centro de los pasteles, éste salga limpio.

i) Saca los bizcochos del horno y déjalos enfriar en los moldes durante 10 minutos. Luego, transfiérelos a una rejilla para que se enfríen por completo.

PARA EL HELADO DE CREMA DE MANTEQUILLA DE PROSECCO:

j) En un tazón grande, bata la mantequilla blanda hasta que esté cremosa y suave.

k) Agrega poco a poco el azúcar glass, una taza a la vez, batiendo bien después de cada adición.

l) Agrega el Prosecco y el extracto de vainilla y continúa batiendo hasta que el glaseado esté suave y esponjoso.

ASAMBLEA:

m) Coloque una capa de pastel en un plato para servir o en un soporte para pasteles. Extienda una cantidad generosa de glaseado de crema de mantequilla Prosecco uniformemente por encima.

n) Coloque la segunda capa de pastel encima y cubra todo el pastel con el resto del glaseado de crema de mantequilla

Prosecco, usando una espátula o un alisador para crear un acabado suave.

o) Opcional: decore el pastel con perlas comestibles, bayas frescas o una pizca de azúcar gaseosa para darle mayor elegancia y atractivo visual.

p) Corta y sirve el pastel de Prosecco, saboreando los delicados sabores y el toque festivo del Prosecco.

39. Fondue de queso prosecco

INGREDIENTES:
- 1 taza de queso gruyere rallado
- 1 taza de queso emmental rallado
- 1 cucharada de maicena
- 1 taza de Prosecco
- 1 diente de ajo, picado
- 1 cucharada de jugo de limón
- Pimienta negra recién molida
- Cucharas variadas (como cubos de pan, rodajas de manzana o verduras)

INSTRUCCIONES:
a) En un bol, mezcle el queso gruyere y emmental rallados con la maicena hasta que estén cubiertos.
b) En una olla para fondue o una cacerola, calienta el Prosecco a fuego medio hasta que esté caliente pero no hirviendo.
c) Agregue gradualmente la mezcla de queso rallado al Prosecco caliente, revolviendo continuamente hasta que se derrita y quede suave.
d) Agrega el ajo picado y el jugo de limón.
e) Sazone con pimienta negra recién molida al gusto.
f) Transfiera la fondue de queso Prosecco a una olla para fondue para mantenerla caliente.
g) Sirva con una variedad de cazos para disfrutar de un refrigerio divertido e interactivo con infusión de Prosecco.

40. Granizado Prosecco

INGREDIENTES:
- 2 tazas de Prosecco
- $\frac{1}{4}$ de taza) de azúcar
- Jugo de 1 limón
- Hojas de menta fresca para decorar.

INSTRUCCIONES:
a) En una cacerola calienta el Prosecco y el azúcar a fuego medio hasta que el azúcar se disuelva.
b) Retire la cacerola del fuego y agregue el jugo de limón.
c) Vierta la mezcla de Prosecco en un plato poco profundo apto para congelador.
d) Coloque el plato en el congelador y déjelo reposar durante aproximadamente 1 hora.
e) Después de 1 hora, usa un tenedor para raspar y esponjar la mezcla parcialmente congelada.
f) Regrese el plato al congelador y repita el proceso de raspado cada 30 minutos durante aproximadamente 3 a 4 horas, hasta que el granizado tenga una textura esponjosa y helada.
g) Sirva el granizado de Prosecco en tazones o vasos de postre, adornado con hojas de menta fresca para obtener una delicia fresca y refrescante.

41. Pavlova de melocotón y prosecco

INGREDIENTES:
- 4 claras de huevo
- 1 taza de azúcar en polvo
- 1 cucharadita de vinagre blanco
- 1 cucharadita de maicena
- 1 taza de crema batida
- 2 duraznos maduros, rebanados
- $\frac{1}{2}$ taza de Prosecco

INSTRUCCIONES:
a) Precalienta el horno a 300°F (150°C). Cubra una bandeja para hornear con papel pergamino.

b) Batir las claras de huevo a punto de nieve. Agrega poco a poco el azúcar, una cucharada a la vez, batiendo bien después de cada adición.

c) Agregue vinagre y maicena y bata hasta que estén combinados.

d) Vierta la mezcla sobre la bandeja para hornear preparada para formar un círculo de 20 cm (8 pulgadas).

e) Con una espátula, crea un hueco en el centro de la pavlova.

f) Hornea durante 1 hora o hasta que la pavlova esté crujiente por fuera y suave por dentro.

g) Dejar enfriar un poco por completo.

h) Unte la crema batida encima de la pavlova. Agregue los duraznos en rodajas y rocíe con Prosecco.

42. Panna cotta de champán con frutos rojos

INGREDIENTES:
PANNA COTTA DE VAINILLA
- 1 ¼ taza mitad y mitad
- 1 ¾ taza de crema espesa
- 2 cucharaditas de gelatina sin sabor
- 45 gramos de azúcar granulada
- Pizca de sal
- 1 ½ cucharadita de extracto de vainilla

JALEA DE VINO ESPUMOSO
- 2 copas de champagne, prosecco o vino espumoso
- 2 cucharaditas de gelatina
- 4 cucharaditas de azúcar granulada

INSTRUCCIONES:
PANNA COTTA DE VAINILLA

a) Coloque 2 cucharadas de mitad y mitad en una taza pequeña y espolvoree la gelatina encima de manera uniforme para que florezca.

b) Pon el resto de la leche, el azúcar y la sal en un cazo a fuego lento pero no dejes que hierva. Si es así, retíralo inmediatamente del fuego. Vigílelo constantemente, ya que puede hervir demasiado rápidamente.

c) Revuelva hasta que el azúcar se disuelva por completo.

d) Agrega la crema y revuelve hasta que esté completamente incorporada.

e) Incorpora la gelatina florecida. No dejar hervir.

f) Retirar del fuego.

g) Agrega extracto de vainilla.

h) Revuelva suavemente hasta que la mezcla alcance la temperatura ambiente.

i) Vierta la mezcla en vasos de chupito o vasos altos flauta. Antes de verter en cada vaso nuevo, revuelve suavemente la mezcla para evitar que se separe.

j) Colóquelo en un recipiente hermético en el refrigerador para que cuaje antes de agregar gelatina de champán encima. Aproximadamente 2-4 horas.

JALEA DE VINO ESPUMOSO

k) Ponga 2 cucharadas de vino espumoso en una taza y espolvoree gelatina encima para que florezca.

l) Coloque el azúcar y el Prosecco en una cacerola pequeña y caliente a fuego lento.

m) Una vez que el azúcar se disuelva, agregue la gelatina florecida mientras bate. No dejar hervir.

n) Una vez que se enfríe a temperatura ambiente. Vierta sobre la panna cotta preparada. Revuelve suavemente la mezcla antes de verterla en cada vaso.

o) Una vez que la gelatina se endurezca, inmediatamente antes de servir, coloque suavemente algunas bayas de su elección encima. Llena el resto de la copa con champán. Gire el vaso para que salga el jugo de las bayas. La copa de flauta ahora tendrá tres capas de color diferentes.

43. Sorbete de champán y fresas

INGREDIENTES:
- 4 tazas de fresas frescas, lavadas y peladas
- 1 ½ tazas de champán o prosecco
- ⅓ taza de azúcar granulada

INSTRUCCIONES:

a) Agregue todos los ingredientes a una licuadora y mezcle hasta que quede suave.

b) Transfiera la mezcla a una máquina para hacer helados y bata según las instrucciones del fabricante .

c) Cómelo inmediatamente o transfiérelo a un recipiente apto para congelador para que se enfríe hasta que esté firme.

44. Paté de frutas de fresa y prosecco

INGREDIENTES:
- 2 tazas de azúcar granulada
- ¾ taza de puré de fresa
- 1-¼ tazas de puré de manzana sin azúcar
- 1 cucharadita de jugo de limón
- 4 cucharaditas de pectina en polvo
- 4-½ cucharaditas de prosecco

INSTRUCCIONES:
a) Forre un molde cuadrado de 8 por 8 pulgadas con dos trozos de papel pergamino entrecruzados. Me resulta útil usar pinzas para la ropa para asegurarme de que el papel permanezca en su sitio.

b) En una olla profunda de 3 cuartos, combine el azúcar, el puré de fresa, la salsa de manzana, el jugo de limón y la pectina.

c) Llevar a ebullición a fuego medio, revolviendo frecuentemente con una espátula resistente al calor o una cuchara de madera.

d) Una vez que la mezcla se haya cocinado durante unos 10 minutos, coloque con cuidado un termómetro para dulces. En este punto, querrás revolver continuamente para evitar que el fondo de la sartén se queme.

e) Cocine hasta que el termómetro alcance los 225F. Apague el fuego y agregue el vino tinto.

f) Apague el fuego y agregue el vino tinto, luego vierta inmediatamente el almíbar en la sartén preparada.

g) Deje reposar durante 4-8 horas hasta que se vea.

h) Espolvorea generosamente una tabla de cortar con azúcar granulada y luego coloca el paté de fruta sobre la tabla de cortar.

i) Retire con cuidado el papel pergamino. Estará pegajoso, así que trabaje desde una esquina y pélelo lentamente.

j) Con un cuchillo grande y afilado, corte el caramelo en tiras de una pulgada y luego en trozos de una pulgada. Tendrás que lavar y secar el cuchillo entre cortes.

k) Reboza los cuadritos de paté de frutas con más azúcar.

l) Guárdelo en un recipiente hermético con pergamino entre capas.

45. Prosecco Vodka Uvas

INGREDIENTES:

- 16 onzas de uvas rojas sin semillas
- 16 onzas de uvas verdes sin semillas
- 750ml de prosecco
- 6 onzas de vodka
- ⅓ taza de azúcar granulada

INSTRUCCIONES:

a) Lave y seque las uvas, luego agréguelas a un tazón grande.

b) Vierta Prosecco y vodka sobre las uvas y refrigere durante la noche.

c) Colar y secar ligeramente las uvas con una toalla de papel dejándolas vaporizar. Nota: forrar una bandeja para hornear con toallas de papel y balancearlas hacia adelante y hacia atrás es una forma rápida de secarlas ligeramente.

d) Extienda en una capa uniforme sobre una bandeja para hornear y espolvoree con azúcar. Mezcle suavemente para cubrir.

46. Miel con infusión de prosecco

INGREDIENTES:
- 4 duraznos maduros, pelados, sin hueso y rebanados
- 1 cucharada de azúcar
- 1 taza de Prosecco o cualquier vino blanco espumoso
- Hojas de menta fresca para decorar (opcional)
- Helado de vainilla o nata montada (opcional)

INSTRUCCIONES:
a) En un bol, combine los melocotones en rodajas, el azúcar y el Prosecco. Mezcle suavemente para cubrir los duraznos de manera uniforme. Deje reposar la mezcla durante unos 10 a 15 minutos para permitir que los sabores se mezclen.

b) Divida la mezcla de duraznos y Prosecco en tazones para servir o vasos de postre.

c) Si lo desea, cubra los duraznos con una bola de helado de vainilla o una cucharada de crema batida.

d) Adorne con hojas de menta fresca, si lo desea.

e) Sirve el postre de Melocotones y Prosecco inmediatamente y disfruta de la deliciosa combinación de sabores.

47. Prosecco rosado osito de goma p

INGREDIENTES:
- 200 ml Prosecco
- 100 gramos de azúcar
- Suficiente gelatina para fijar aproximadamente cinco veces más líquido del que tiene

INSTRUCCIONES:

a) Vierte el Prosecco y el azúcar en una sartén y caliéntalos suavemente a fuego lento hasta que el azúcar se disuelva.

b) Agregue la gelatina en polvo a la sartén poco a poco y, revolviendo constantemente, caliente el líquido muy, muy lentamente mientras el azúcar y la gelatina se derriten en el Prosecco; cuanto más lento caliente la mezcla, más efervescencia saboreará en los ositos de goma terminados.

c) Una vez que esté todo disuelto, retira la sartén del fuego y añade unas gotas de colorante rosa. Revuelva hasta que el líquido esté rosado. Hice un lote con esto y otro sin él y el lote con colorante alimentario se veía mucho mejor por alguna extraña razón.

d) A continuación, puedes comenzar a llenar los moldes de ositos de goma, lo cual es más fácil de decir que de hacer si no compraste los moldes que vienen con la jeringa, ya que son muy pequeños y se desbordan fácilmente si viertes el líquido. Descubrí que la mejor manera de hacerlo era usar mis cucharas medidoras; la más pequeña es perfecta para llenar los moldes.

e) Dejar reposar en el frigorífico unas horas, preferiblemente toda la noche.

48. Ensalada de frutas mimosas

INGREDIENTES:
- 3 kiwis, pelados y rebanados
- 1 taza de moras
- 1 taza de arándanos
- 1 taza de fresas, en cuartos
- 1 taza de piña, cortada en trozos pequeños
- 1 taza de Prosecco, frío
- ½ taza de jugo de naranja recién exprimido
- 1 cucharada de miel
- ½ taza de menta fresca

INSTRUCCIONES:
a) En un tazón grande, combine todas las frutas.

b) Vierta Prosecco, jugo de naranja y miel sobre la fruta y revuelva con cuidado para combinar.

c) Adorne con menta y sirva.

49. Macarrones de Prosecco

INGREDIENTES:
PARA EL LLENADO:
- ½ taza de crema espesa, dividida
- ½ taza de Prosecco
- 2 cucharadas de maicena
- 2 cucharadas de azúcar granulada
- 1 huevo entero
- 2 yemas de huevo
- 2 cucharadas de mantequilla sin sal
- 1 cucharadita de extracto de vainilla

PARA LAS CONCHAS DE MACARON:
- 100 gramos de harina de almendras
- 1 taza de azúcar en polvo
- ralladura de una naranja
- 3 claras de huevo
- ⅛ cucharadita de crémor tártaro
- ¼ de taza + 2 cucharaditas de azúcar extrafina
- Colorante alimentario en pasta en gel rosa rosa y amarillo limón (opcional)

INSTRUCCIONES:
HACER EL RELLENO:
a) En un bol, combina ¼ de taza de crema con la maicena, las yemas y el huevo entero; dejar de lado.

b) En una cacerola pequeña, combine el resto de la crema, el Prosecco y el azúcar granulada y colóquelo a fuego medio.

c) Cuando la mezcla comience a hervir a fuego lento, agregue un tercio a la mezcla de huevo, batiendo vigorosamente.

d) Vierta la mezcla de huevo caliente nuevamente en la cacerola y cocine a fuego lento hasta que espese.

e) Retire del fuego y agregue la mantequilla sin sal y el extracto de vainilla.

f) Cuele la mezcla a través de un colador de malla fina en un recipiente resistente al calor, cubra la superficie con film transparente y enfríe en el refrigerador.

HAGA LAS CONCHAS DE MACARON:

g) Tamice la harina de almendras y el azúcar en polvo, deseche los trozos grandes y agregue la ralladura de naranja a la mezcla.

h) En un recipiente aparte, bata las claras hasta que estén espumosas, luego agregue el crémor tártaro y continúe batiendo hasta que se formen picos suaves.

i) Agrega poco a poco el azúcar extrafino sin dejar de batir las claras.

j) Tiñe la mezcla con colorante alimentario en pasta de gel rosa rosa y amarillo limón si lo deseas.

k) Batir la mezcla hasta lograr picos rígidos.

l) Incorpora suavemente la mezcla de almendras a las claras de huevo batidas hasta que la masa caiga de la espátula formando una cinta larga.

m) Transfiera la masa a una manga pastelera equipada con una pequeña punta redonda y coloque rondas de una pulgada de diámetro en una bandeja para hornear forrada con papel pergamino.

n) Precalienta el horno a 375 grados F (190 grados C).

o) Deje que las cáscaras de macarrón se sequen y formen una fina membrana/piel durante unos 20-30 minutos.

p) Reduzca la temperatura del horno a 325 grados F (163 grados C) y hornee las cáscaras de macarrón durante 12 a 15 minutos.

q) Enfríe las cáscaras en la bandeja para hornear.

MONTAR LOS MACARONS:

r) Una vez que las conchas se hayan enfriado, coloque aproximadamente dos cucharaditas del relleno frío sobre la mitad de las conchas.

s) Sandwich el relleno con las conchas restantes.

50. Helado de Prosecco

INGREDIENTES:
- 2 tazas + 2 cucharadas de leche entera
- 1 ¼ tazas de crema espesa
- 2 cucharadas de jarabe de maíz
- ½ taza de azúcar blanca granulada
- 1 cucharadita de sal kosher
- 1 ½ cucharadas de maicena
- 1 cucharadita de extracto de vainilla
- ½ cucharadita de extracto de naranja
- 2 cucharadas de ralladura de naranja
- ⅓ taza de Prosecco

INSTRUCCIONES:
a) En una cacerola de 4 cuartos, bata 2 tazas de leche, crema espesa, jarabe de maíz, azúcar y sal. Llevar a ebullición a temperatura media. Observe atentamente y bata con frecuencia.

b) En un recipiente aparte, mezcle la maicena y las 2 cucharadas de leche reservadas hasta que quede suave. Colocar junto al cazo.

c) Cuando la mezcla hierva a fuego lento, bata para asegurarse de que todo el azúcar se disuelva. Deje que la mezcla hierva lentamente durante 2 minutos. Luego retire del fuego y agregue la mezcla de maicena. Vuelva a calentar y bata hasta que la mezcla burbujee por todas partes.

d) Retire del fuego y agregue la vainilla, el extracto de naranja y la ralladura de naranja. Dejar enfriar a temperatura ambiente, durante unos 20 minutos. Luego vierta en un recipiente hermético a través de un colador para eliminar los grumos y la ralladura.

e) Enfriar durante al menos 6 horas.

f) Cuando la base de helado se haya enfriado, sácala del frigorífico y viértela en la heladera. Agrega el Prosecco encima de la base de helado.

g) Siga las instrucciones de su fabricante, ya que pueden variar según el fabricante. Inserta la paleta y bate hasta que espese. Con un accesorio para helado KitchenAid, esto demora entre 25 y 30 minutos.

h) Cuando el helado se haya batido, colóquelo en un recipiente hermético para congelar. Congele durante 4 a 6 horas antes de disfrutarlo para asegurarse de que tenga una buena consistencia.

51. Ensalada de frutas con prosecco

INGREDIENTES:
- 3 kiwis, pelados y rebanados
- 1 taza de moras
- 1 taza de arándanos
- 1 taza de fresas, en cuartos
- 1 taza de piña, cortada en trozos pequeños
- 1 taza de Prosecco, frío
- ½ taza de jugo de naranja recién exprimido
- 1 cucharada de miel
- ½ taza de menta fresca

INSTRUCCIONES:
d) En un tazón grande, combine todas las frutas.
e) Vierta Prosecco, jugo de naranja y miel sobre la fruta y revuelva con cuidado para combinar.
f) Adorne con menta y sirva.

52. Pastel de desayuno de arándanos y prosecco

INGREDIENTES:
- Spray para cocinar
- 1 taza (2 barras) de mantequilla sin sal, ablandada
- 1 ¾ tazas (350 g) de azúcar granulada, dividida, y más para servir
- 2 cucharadas de ralladura de naranja finamente rallada
- 2 huevos grandes
- 2 yemas de huevo grandes
- 4 tazas (480 g) de harina para pastel
- 2 ½ cucharaditas de polvo para hornear
- 1 cucharadita de sal kosher
- ½ cucharadita de bicarbonato de sodio
- 1 taza de jugo de naranja fresco (de aproximadamente 2 naranjas ombligo grandes)
- ½ taza de yogur griego natural
- ½ taza de Prosecco brut
- 12 onzas de arándanos frescos o congelados (aproximadamente 3 tazas), cantidad dividida

Direcciones:

a) Precalienta el horno a 350°F (175°C). Engrase un molde para hornear de 13 "x 9" con aceite en aerosol. Cubra el molde con papel pergamino, dejando un saliente de 2" en ambos lados largos y luego engrase el pergamino con aceite en aerosol.

b) En el tazón grande de una batidora de pie equipada con el accesorio de paleta (o en un tazón grande con una batidora de mano), bata la mantequilla ablandada y 1 ½ tazas de azúcar granulada a velocidad media-alta hasta que esté suave y esponjosa, aproximadamente 5 minutos. Raspar los lados del tazón, según sea necesario. Agregue 1 cucharada de ralladura de naranja y bata a velocidad media-baja hasta que se combinen. Agrega los huevos y las yemas, uno a la vez, batiendo para mezclar después de cada adición.

c) En un tazón mediano, mezcle la harina para pastel, el polvo para hornear, la sal kosher y el bicarbonato de sodio. Agregue la mitad de los ingredientes secos a la mezcla de mantequilla y bata a velocidad baja hasta que se combinen. Agrega el jugo de naranja fresco y el yogur griego y bate a velocidad media hasta que se incorpore la mayor parte del líquido. Agrega el Prosecco brut y los ingredientes secos restantes y bate a velocidad baja hasta que se incorporen; está bien si hay un par de bultos pequeños. Raspe el fondo del recipiente para asegurarse de que no queden puntos secos. Incorpora 2 tazas de arándanos.

d) Vierta la masa en el molde preparado y espolvoree la 1 taza restante de arándanos encima. En un tazón pequeño, combine $\frac{1}{4}$ de taza de azúcar y 1 cucharada de ralladura de naranja. Espolvorea esta mezcla sobre la parte superior de la masa.

e) Hornea el pastel hasta que esté dorado y al insertar un probador en el centro salga limpio, aproximadamente de 50 a 55 minutos.

f) Deje que el pastel se enfríe y luego espolvoree con más azúcar y ralladura de naranja antes de servir.

53. Pastel Prosecco Clásico

INGREDIENTES:
TORTITAS DE ESPONJOSO:
- 1 ¼ tazas (250 g) de azúcar
- 1 ¼ tazas (140 g) de harina para todo uso (00)
- ¾ taza (120 g) de fécula de papa
- 8 huevos, a temperatura ambiente
- 2 vainas de vainilla
- 1 pizca de sal fina

CREMA PASTELERÍA (PARA 30 onzas / 850 G):
- 5 yemas de huevo
- 1 taza (175 g) de azúcar
- 2 tazas (500 ml) de leche entera
- ½ taza (125 ml) de crema espesa
- 7 cucharadas (55 g) de maicena
- 1 vaina de vainilla

CREMA CHANTILLY:
- ½ taza (100 ml) de crema espesa
- 2 ½ cucharadas (10 g) de azúcar en polvo

JARABE DE LICOR:
- 0,6 taza (130 g) de agua
- 0,3 taza (75 g) de azúcar
- 0,3 taza (70 g) de licor Grand Marnier
- Para decorar:
- Azúcar en polvo (dos gustos)

INSTRUCCIONES:
PREPARACIÓN DE LOS BISCOTOS:
a) Precalienta el horno a 325°F (160°C) en modo estático. Engrase y enharine dos moldes para pasteles de 20 cm (8 pulgadas) de diámetro.

b) En una batidora de pie, abra los huevos, agregue las semillas de las vainas de vainilla y una pizca de sal, y agregue lentamente el azúcar. Batir a velocidad moderada durante unos 15 minutos hasta que los huevos tripliquen su volumen y se vuelvan fluidos y cremosos.

c) Tamizar juntos la harina y la fécula de patata. Incorpora suavemente el polvo a la mezcla de huevo con movimientos ascendentes usando una espátula hasta que quede homogéneo.

d) Divida la masa en partes iguales entre los dos moldes para pasteles. Hornee en el horno precalentado en el estante inferior durante unos 50 minutos o hasta que al introducir un palillo éste salga limpio.

e) Deje que los pasteles se enfríen completamente en los moldes antes de retirarlos. Luego transfiéralo a una rejilla para enfriar para terminar de enfriar.

f) Preparación de la Crema Diplomática:

g) Para la crema pastelera, caliente la leche, la crema espesa y la vaina de vainilla (abierta) en una sartén hasta que casi hierva.

h) En un recipiente aparte, bata las yemas con el azúcar y las semillas de vainilla. Tamiza la maicena en la mezcla y revuelve.

i) Retire la vaina de vainilla de la mezcla de leche y vierta lentamente un cucharón de leche caliente en la mezcla de yema de huevo, revolviendo con un batidor para que se disuelva.

j) Vierte todo nuevamente en la cacerola con la leche caliente y cocina a fuego lento, revolviendo constantemente, hasta que espese. Pasar la crema pastelera a una fuente apta para horno, cubrir con film transparente y dejar enfriar por completo.

k) En un recipiente aparte, bata la nata fresca con el azúcar glass hasta que esté bien montada. Agrega una cucharada de nata montada a la crema pastelera enfriada y revuelve vigorosamente. Luego agregue suavemente la crema batida restante. Cubra con film transparente y refrigere durante unos 30 minutos para que cuaje.

PREPARACIÓN DEL JARABE :

l) En una cacerola, combine el agua, el azúcar y el licor Grand Marnier. Calentar y revolver hasta que el azúcar se derrita. Deja enfriar el almíbar.

Armando el pastel:

m) Recorta la corteza exterior de ambos bizcochos, dejando solo la parte más clara para reducir el desperdicio.

n) Coge un bizcocho y córtalo en tres capas uniformes.

o) Coloca la primera capa en un plato para servir y humedécela con el almíbar.

p) Extienda aproximadamente $\frac{1}{4}$ de la crema diplomática fría sobre la capa humedecida.

q) Repetir con la segunda capa, el almíbar y la nata. Luego agrega la última capa y remójala con el almíbar restante.

r) Cubre la parte superior y los lados del pastel con la crema fría restante.

s) Cortar el segundo bizcocho en rodajas verticales y luego en cubos pequeños.

t) Coloca los dados de bizcocho por toda la superficie del bizcocho, incluidos los bordes.

u) Refrigera el bizcocho un par de horas antes de servir.

v) Espolvorea el clásico pastel de Prosecco con azúcar en polvo antes de servir.

ALMACENAMIENTO:

w) El pastel de Prosecco ensamblado se puede conservar en el refrigerador hasta por 3-4 días. El bizcocho solo se puede conservar 2 días envuelto en film transparente o congelar hasta 1 mes. Las natillas también se pueden conservar durante 2-3 días en el frigorífico.

54. Magdalenas De Prosecco

INGREDIENTES:
- 1 caja de mezcla para pastel de vainilla
- 1 ¼ tazas de Prosecco, cantidad dividida
- ⅓ taza de aceite vegetal
- 3 huevos grandes
- 2 cucharaditas de ralladura de naranja, dividida
- 1 taza (2 barras) de mantequilla, ablandada
- 4 tazas de azúcar en polvo
- 1 cucharadita de extracto puro de vainilla
- Una pizca de sal kosher
- Azúcar para lijar oro
- Gajos de naranja, para decorar

INSTRUCCIONES:

a) Precalienta el horno a 350°F y forra dos moldes para cupcakes con moldes para cupcakes.

b) En un tazón grande, mezcle la mezcla para pastel de vainilla con 1 taza de Prosecco, aceite vegetal, huevos y 1 cucharadita de ralladura de naranja.

c) Hornea los cupcakes según las instrucciones del paquete.

d) Deje que los cupcakes se enfríen por completo antes de glasearlos.

e) Mientras tanto, prepare el glaseado de Prosecco: en un tazón grande, con una batidora de mano, bata la mantequilla blanda hasta que esté suave y esponjosa.

f) Agrega 3 tazas de azúcar glass y bate hasta que no queden grumos.

g) Mezcle el ¼ de taza restante de Prosecco, el extracto puro de vainilla, la cucharadita restante de ralladura de naranja y una pizca de sal. Batir hasta que esté bien combinado.

h) Agrega la 1 taza restante de azúcar en polvo y bate hasta que el glaseado esté suave y esponjoso.

i) Escarcha los cupcakes enfriados con una espátula acodada.

j) Adorne cada cupcake con una pizca de azúcar lija dorada y una rodaja pequeña de naranja.

55. Pastel de Prosecco de naranja sanguina

INGREDIENTES:

- 1 ½ tazas (3 barras) de mantequilla sin sal, temperatura ambiente
- 2 ¾ tazas de azúcar granulada
- 5 huevos grandes, temperatura ambiente
- 3 tazas de harina para pastel tamizada
- ½ cucharadita de sal
- 1 taza de moscato rosado o prosecco
- 3 cucharadas de ralladura de naranja
- 1 cucharada de extracto puro de vainilla

JARABE SENCILLO:

- ½ taza de moscato rosado o prosecco
- ½ taza de azúcar granulada
- ¼ de taza de jugo de naranja sanguina fresco

ESMALTE DE NARANJA:

- 1 ½ tazas de azúcar glas
- 3 cucharadas de jugo de naranja sanguina fresco

INSTRUCCIONES:

a) Precaliente el horno a 315 grados F. Rocíe un molde Bundt de 10 tazas con spray para hornear antiadherente.

b) En el tazón de una batidora, combine el azúcar con la ralladura de naranja. Frote la ralladura en el azúcar hasta que esté fragante.

c) Agrega la mantequilla y la sal al bol y bate junto con el azúcar. Batir a fuego medio-alto durante 7 minutos hasta que la mantequilla esté de color amarillo pálido y esponjosa.

d) Agrega los huevos uno a la vez, combinándolos bien después de cada adición y raspando los lados del tazón según sea necesario.

e) Reduzca la velocidad a baja y agregue lentamente la harina en dos tandas, mezclando hasta que esté combinada. No haga sobre mezcla.

f) Vierta el Moscato y mezcle hasta que esté combinado.

g) Vierta la masa en el molde preparado y hornee durante 70-80 minutos, o hasta que al insertar un palillo en el centro del pastel, éste salga limpio.

h) Deje que el pastel se enfríe en el molde durante al menos 10 minutos antes de invertirlo en un plato para servir. Deje enfriar un poco a temperatura ambiente.

Para almíbar simple:

i) En una olla pequeña a fuego medio, combine todos los ingredientes y cocine a fuego medio-alto.

j) Reduzca la mezcla aproximadamente un tercio hasta que espese, aproximadamente 5 minutos.

k) Retirar del fuego y dejar enfriar por completo.

PARA EL GLASEADO:

l) En un tazón pequeño, mezcle todos los ingredientes hasta que se puedan verter.

m) Para armar el pastel:

n) Haz agujeros por todo el pastel enfriado con una brocheta o un tenedor.

o) Vierta el almíbar simple sobre el pastel para que se absorba. Repita si lo desea.

p) Finalmente, rocía el glaseado sobre el bizcocho y déjalo reposar durante 10 minutos.

q) ¡Disfruta de este delicioso pastel de Prosecco de naranja sanguina, perfecto para celebraciones o cualquier ocasión especial!

56. Mousse de Prosecco

INGREDIENTES:

- 1 taza de crema espesa
- $\frac{1}{4}$ taza de azúcar en polvo
- $\frac{1}{4}$ de taza de Prosecco
- $\frac{1}{4}$ de taza de jugo de naranja fresco
- 1 cucharada de ralladura de naranja
- Gajos de naranja fresca para decorar

INSTRUCCIONES:

a) En un tazón frío, bata la crema espesa hasta que se formen picos suaves.

b) Agregue gradualmente el azúcar en polvo, el Prosecco y el jugo de naranja fresco a la crema batida mientras continúa batiendo.

c) Incorpora suavemente la ralladura de naranja.

d) Transfiera la mousse de Prosecco a vasos o tazones para servir.

e) Refrigere durante al menos 2 horas para que cuaje.

f) Adorne cada porción con gajos de naranja fresca antes de servir.

57. Barras de tarta de queso Prosecco

INGREDIENTES:
PARA LA CORTEZA:
- 1 ½ tazas de migas de galleta Graham
- ¼ taza de azúcar granulada
- ½ taza de mantequilla sin sal, derretida

PARA EL RELLENO DE CHEESECAKE:
- 16 onzas de queso crema, ablandado
- 1 taza de azúcar granulada
- ¼ taza de crema agria
- ¼ de taza de Prosecco
- ¼ de taza de jugo de naranja fresco
- 1 cucharada de ralladura de naranja
- 3 huevos grandes
- 1 cucharadita de extracto de vainilla

INSTRUCCIONES:
a) Precalienta el horno a 325 °F (160 °C) y forra un molde para hornear de 9x9 pulgadas con papel pergamino, dejando un saliente a los lados.

b) En un tazón mediano, combine las migas de galletas Graham, el azúcar granulada y la mantequilla derretida.

c) Presione la mezcla en el fondo del molde para hornear preparado para formar la corteza.

d) En un tazón grande, bata el queso crema ablandado y el azúcar granulada hasta que quede suave y cremoso.

e) Agrega la crema agria, el Prosecco, el jugo de naranja fresco y la ralladura de naranja, mezclando hasta que estén bien combinados.

f) Batir los huevos, uno a la vez, luego agregar el extracto de vainilla y mezclar hasta que quede suave.

g) Vierta el relleno de tarta de queso sobre la base en el molde para hornear.

h) Hornee en el horno precalentado durante 40-45 minutos o hasta que los bordes estén firmes y el centro se mueva ligeramente.

i) Deje que las barras de tarta de queso se enfríen completamente en el molde, luego refrigere durante al menos 4 horas antes de cortarlas en cuadritos y servir.

58. Rollo De Pastel De Prosecco

INGREDIENTES:
PARA EL BISCOTE:
- 4 huevos grandes, separados
- ¾ taza de azúcar granulada, cantidad dividida
- ¼ de taza de Prosecco
- ¼ de taza de jugo de naranja fresco
- 1 cucharada de ralladura de naranja
- 1 taza de harina para pastel
- 1 cucharadita de polvo para hornear
- Pizca de sal

PARA EL LLENADO:
- 1 taza de crema espesa
- ¼ taza de azúcar en polvo
- ¼ de taza de Prosecco
- 1 cucharadita de extracto de vainilla
- Gajos de naranja fresca para decorar
- Azúcar en polvo para espolvorear

INSTRUCCIONES:
PARA EL BISCOTE:
a) Precalienta el horno a 350 °F (175 °C) y engrasa un molde para panecillos de gelatina de 10x15 pulgadas. Forre el molde con papel pergamino, dejando un saliente a los lados.

b) En un tazón grande, bata las yemas de huevo con ½ taza de azúcar granulada hasta que estén suaves y esponjosas.

c) Agrega el Prosecco, el jugo de naranja fresco y la ralladura de naranja hasta que estén bien combinados.

d) En un recipiente aparte, mezcle la harina para pastel, el polvo para hornear y la sal.

e) Agregue gradualmente los ingredientes secos a los ingredientes húmedos, revolviendo hasta que la masa esté suave.

f) En otro recipiente limpio, bata las claras hasta que estén espumosas, luego agregue gradualmente el ¼ de taza restante de azúcar granulada sin dejar de batir.

g) Batir las claras hasta que se formen picos rígidos.

h) Incorpora suavemente las claras de huevo batidas a la masa del pastel hasta que estén completamente incorporadas.

i) Vierta la masa en el molde para panecillos de gelatina preparado y extiéndala uniformemente.

j) Hornee en el horno precalentado durante 12-15 minutos o hasta que el pastel rebote cuando se toca ligeramente.

k) Mientras el pastel aún está caliente, sáquelo con cuidado del molde utilizando el papel pergamino que sobresale y transfiéralo a una superficie limpia.

l) Enrolle bien el pastel caliente, comenzando por el extremo corto, usando papel pergamino como ayuda. Deje que se enfríe completamente en forma enrollada.

PARA EL LLENADO:

m) En un tazón frío, bata la crema espesa hasta que se formen picos suaves.

n) Agrega poco a poco el azúcar en polvo, el Prosecco y el extracto de vainilla a la crema batida mientras continúas batiendo.

o) Desenrolla con cuidado el bizcocho enfriado y extiende el relleno de crema de Prosecco uniformemente sobre la superficie.

p) Vuelva a enrollar el pastel, esta vez sin el papel pergamino, y transfiéralo a una fuente para servir.

q) Adorne con gajos de naranja fresca y espolvoree con azúcar en polvo.
r) Cortar el pastel de Prosecco en trozos y servir.

59. Paletas de Prosecco

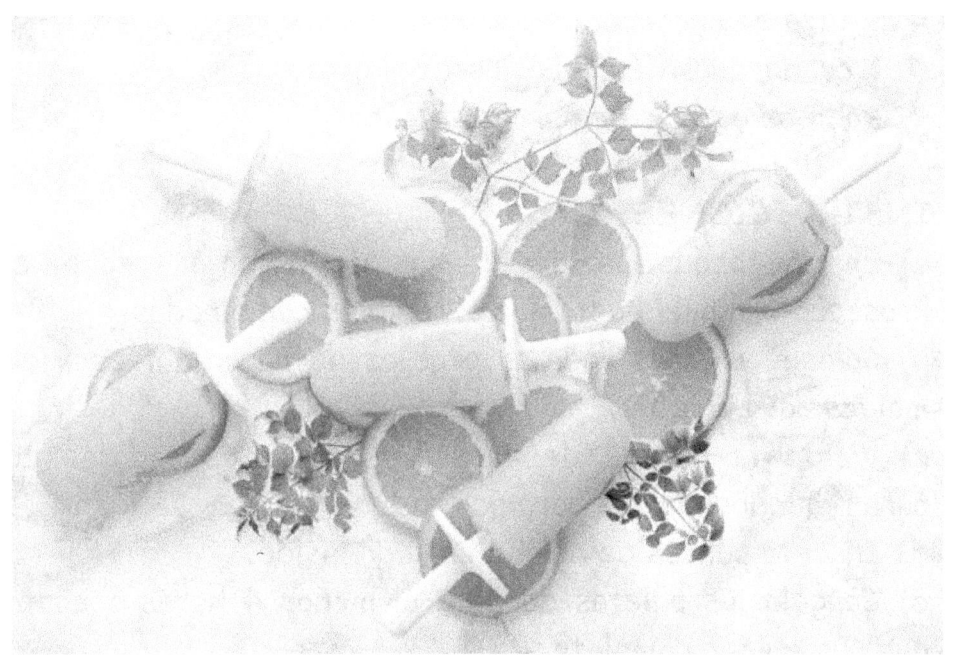

INGREDIENTES:
- 1 taza de jugo de naranja fresco
- ½ taza de Prosecco
- 2 cucharadas de miel (ajustar al gusto)
- Rodajas o gajos de naranja fresca

INSTRUCCIONES:
a) En un tazón, mezcle el jugo de naranja fresco, el Prosecco y la miel hasta que estén bien combinados.
b) Coloque algunas rodajas o gajos de naranja fresca en moldes para paletas.
c) Vierta la mezcla de Prosecco sobre las rodajas de naranja en los moldes para paletas.
d) Inserta palitos de helado en cada molde.
e) Congela las paletas durante al menos 4 horas o hasta que cuajen por completo.
f) Retira con cuidado las paletas de los moldes y disfruta de este postre helado y refrescante inspirado en Prosecco.

60. Granizado Prosecco

INGREDIENTES:
- ½ taza de azúcar
- 1 ¼ tazas de Prosecco
- 1 cucharada de jugo de lima
- 1 taza de jugo de naranja recién exprimido

INSTRUCCIONES:
a) En un tazón grande, mezcle el jugo de naranja y el azúcar hasta que el azúcar se disuelva por completo.
b) Agrega el Prosecco y el jugo de lima, creando una deliciosa mezcla de Prosecco.
c) Vierte la mezcla en dos cubiteras y colócalas en el congelador.
d) Deje que la mezcla se congele hasta que esté firme, lo que suele tardar al menos 2 horas. Para usarlos más adelante, puede transferir los cubos congelados a bolsas de plástico con cierre y guardarlos en el congelador hasta por 1 semana.
e) Justo antes de servir, tome una sola capa de cubos congelados y colóquelos en el recipiente de un procesador de alimentos equipado con una cuchilla de acero.
f) Pulse la mezcla en el procesador de alimentos unas 10 o 12 veces, o hasta que no queden grandes trozos de hielo, creando una hermosa textura de granizado.
g) Coloque los cristales de Prosecco en tazones individuales, listos para saborear y disfrutar.
h) Si necesitas más porciones, repite el proceso con los cubitos de hielo restantes.
i) Sirve el Prosecco Granita inmediatamente y disfruta de su sabor refrescante y afrutado.

j) Este delicioso granizado es un regalo perfecto para refrescarse en los días cálidos o como una forma deliciosa de celebrar momentos especiales. ¡Disfrutar!'

61. Melocotones y bayas en Prosecco

INGREDIENTES:

- 2 libras de duraznos, preferiblemente la variedad aromática de pulpa blanca
- 2/3 taza de azúcar granulada
- 1 1/2 tazas de Prosecco u otro vino blanco joven, seco y afrutado
- 1/2 litro de frambuesas
- 1/2 pinta de arándanos
- Ralladura de 1 limón

INSTRUCCIONES:

a) Comience lavando los duraznos, pelándolos, quitándoles los huesos y cortándolos en trozos de aproximadamente 1/4 de pulgada de grosor. Coloque los duraznos en rodajas en un recipiente para servir.

b) Añade el azúcar granulada y el vino blanco (Prosecco o un vino blanco seco similar) al bol con los melocotones. Revuelva bien para combinar.

c) Lava las frambuesas y los arándanos y agrégalos suavemente al bol con los melocotones y la mezcla de vino.

d) Ralla la ralladura fina y amarilla de medio limón, teniendo cuidado de no incluir la médula blanca y amarga. Agrega la ralladura de limón al bol.

e) Mezcle suavemente el contenido del bol dándole la vuelta varias veces.

f) Refrigere la mezcla de frutas durante al menos 1 hora antes de servirla, o prepárela con anticipación, incluso tan pronto como la mañana del día en que planea servirla. ¡Disfrutar!

62. Peras escalfadas con prosecco

INGREDIENTES:

- 4 peras maduras
- 1 botella de Prosecco
- 1 taza de azúcar granulada
- 1 vaina de vainilla (partida y raspada)

INSTRUCCIONES:

a) Pelar las peras dejando los tallos intactos.

b) En una cacerola grande, combine el Prosecco, el azúcar y las semillas de vainilla raspadas.

c) Agregue las peras a la cacerola y lleve la mezcla a fuego lento.

d) Escalfa las peras durante unos 20-25 minutos, o hasta que estén tiernas pero no blandas.

e) Retire las peras y déjelas enfriar. Continúe cocinando a fuego lento el líquido para escalfar hasta que se espese y se convierta en un almíbar.

f) Sirve las peras con un chorrito de almíbar de Prosecco.

63. Parfait de bayas y prosecco

INGREDIENTES:
- 1 taza de bayas mixtas (fresas, arándanos, frambuesas)
- 1 taza de Prosecco
- 1 taza de yogur griego
- 2 cucharadas de miel

INSTRUCCIONES:

a) Mezcle las bayas y el Prosecco en un bol, dejándolos en remojo durante unos 15 minutos.

b) En vasos para servir, cubra las bayas remojadas en Prosecco con yogur griego.

c) Rocíe miel por encima.

d) Repite las capas, terminando con un chorrito de miel.

64. Jaleas de Prosecco y Frambuesa

INGREDIENTES:
- 1 1/2 tazas de Prosecco
- 1/2 taza de agua
- 1/2 taza de azúcar granulada
- 2 cucharadas de gelatina de frambuesa
- Frambuesas frescas para decorar

INSTRUCCIONES:
a) En una cacerola calentar el Prosecco, el agua y el azúcar hasta que el azúcar se disuelva.
b) Retire del fuego y agregue la gelatina de frambuesa.
c) Vierta la mezcla en vasos o moldes individuales.
d) Enfríelo en el refrigerador hasta que cuaje (generalmente unas horas o toda la noche).
e) Adorne con frambuesas frescas antes de servir.

65. Posset de Prosecco y Limón

INGREDIENTES:
- 2 tazas de Prosecco
- 1 taza de crema espesa
- 1 taza de azúcar granulada
- Ralladura y jugo de 2 limones

INSTRUCCIONES:

a) En una cacerola, combine el Prosecco, la crema espesa y el azúcar. Calentar, revolviendo, hasta que el azúcar se disuelva.

b) Agrega la ralladura de limón y el jugo, luego cocina a fuego lento durante 5 minutos.

c) Vierta la mezcla en vasos para servir y refrigere por unas horas hasta que cuaje.

d) Adorne con una rodaja de ralladura de limón antes de servir.

66. Tiramisú Prosecco

INGREDIENTES:
- 1 taza de Prosecco
- 3 yemas de huevo grandes
- 1/2 taza de azúcar granulada
- 1 taza de queso mascarpone
- 1 taza de crema espesa
- 1 cucharadita de extracto de vainilla
- 1 paquete de bizcochos
- Cacao en polvo para espolvorear
- Café expreso (opcional)

INSTRUCCIONES:
a) En un bol, mezcle las yemas de huevo y el azúcar hasta que estén espesos y pálidos.
b) Agrega el queso mascarpone hasta que quede suave.
c) En un recipiente aparte, bata la crema espesa y el extracto de vainilla hasta que se formen picos rígidos.
d) Incorpora suavemente la crema batida a la mezcla de mascarpone.
e) Sumerja los bizcochos en Prosecco (y espresso si lo desea) y colóquelos en capas en una fuente para servir.
f) Extienda una capa de la mezcla de mascarpone sobre los bizcochos.
g) Repita las capas de bizcocho y mascarpone, terminando con la capa de mascarpone encima.
h) Refrigere por unas horas o toda la noche.
i) Antes de servir, espolvorear con cacao en polvo.

CONDIMENTOS

67. Salsa de Prosecco y Melocotón

INGREDIENTES:
- 2 duraznos maduros, cortados en cubitos
- ¼ de taza de cebolla morada, finamente picada
- ¼ de taza de cilantro fresco, picado
- Zumo de 1 lima
- ¼ de taza de Prosecco
- Sal y pimienta para probar
- Chips de tortilla para servir

INSTRUCCIONES:
a) En un tazón, combine los duraznos cortados en cubitos, la cebolla morada, el cilantro, el jugo de lima y el Prosecco.
b) Sazone con sal y pimienta al gusto.
c) Mezclar bien para combinar todos los sabores.
d) Deje reposar la salsa durante unos 15 minutos para permitir que los sabores se mezclen.
e) Sirva la salsa de prosecco y durazno con chips de tortilla para disfrutar de un refrigerio refrescante y afrutado.

68. Jalea de Prosecco

INGREDIENTES:
- 2 tazas de Prosecco
- 1 taza de azúcar
- 1 paquete (aproximadamente 1,75 oz) de pectina de fruta en polvo
- Jugo de limón (opcional, para darle acidez)

INSTRUCCIONES:
a) En una cacerola grande, combine el Prosecco y el azúcar.
b) Revuelve a fuego medio hasta que el azúcar se haya disuelto.
c) Agregue la pectina de frutas en polvo y revuelva para incorporar.
d) Lleva la mezcla a ebullición y cocina durante aproximadamente 1 minuto, revolviendo constantemente.
e) Retiramos la cacerola del fuego y retiramos la espuma que se haya podido formar.
f) Si lo desea, agregue un chorrito de jugo de limón para darle acidez.
g) Vierte la gelatina de Prosecco en frascos esterilizados y déjala enfriar a temperatura ambiente.
h) Refrigere la gelatina hasta que cuaje.
i) Úntalo sobre tostadas, sírvelo con queso o úsalo como glaseado para carnes o verduras asadas.

69. Mostaza Prosecco

INGREDIENTES:
- $\frac{1}{4}$ de taza de semillas de mostaza amarilla
- $\frac{1}{4}$ de taza de semillas de mostaza marrón
- $\frac{1}{2}$ taza de Prosecco
- $\frac{1}{4}$ taza de vinagre de vino blanco
- 1 cucharada de miel
- $\frac{1}{2}$ cucharadita de sal

INSTRUCCIONES:
a) En un tazón, combine las semillas de mostaza amarillas y marrones.

b) En un recipiente aparte, mezcle el Prosecco, el vinagre de vino blanco, la miel y la sal.

c) Vierta la mezcla de Prosecco sobre las semillas de mostaza y revuelva para combinar.

d) Deje que la mezcla repose a temperatura ambiente durante aproximadamente 24 horas, revolviendo ocasionalmente.

e) Transfiera la mezcla a una licuadora o procesador de alimentos y licue hasta alcanzar la consistencia deseada.

f) Guarda la mostaza Prosecco en un recipiente hermético en el refrigerador.

g) Úselo como condimento para sándwiches, hamburguesas o como salsa para pretzels y refrigerios.

70. Mantequilla Prosecco

INGREDIENTES:
- ½ taza de mantequilla sin sal, ablandada
- 2 cucharadas de Prosecco
- 1 cucharadita de ralladura de limón
- ½ cucharadita de sal

INSTRUCCIONES:

a) En un tazón, combine la mantequilla blanda, el Prosecco, la ralladura de limón y la sal.

b) Revuelva o bata hasta que esté bien mezclado y suave.

c) Transfiera la mantequilla Prosecco a un recipiente pequeño o déle forma de tronco con una envoltura de plástico.

d) Refrigere hasta que esté firme.

e) Utilice la mantequilla Prosecco para cubrir los filetes asados, derretirla sobre verduras asadas o untarla sobre pan fresco.

71. Cuajada De Limón Prosecco

INGREDIENTES:
- Ralladura de 3 limones
- 1 taza de jugo de limón recién exprimido (unos 4-5 limones)
- 1 taza de azúcar granulada
- 4 huevos grandes
- ½ taza de mantequilla sin sal, en cubos
- ¼ de taza de Prosecco

INSTRUCCIONES:
a) En un recipiente resistente al calor, mezcle la ralladura de limón, el jugo de limón, el azúcar y los huevos hasta que estén bien combinados.

b) Coloque el recipiente sobre una cacerola con agua hirviendo, asegurándose de que el fondo del recipiente no toque el agua. Esto crea una configuración de baño maría.

c) Cocine la mezcla, revolviendo constantemente con un batidor o una cuchara de madera, hasta que espese y cubra el dorso de la cuchara. Este proceso suele tardar entre 10 y 15 minutos.

d) Una vez que la mezcla se haya espesado, retira el bol del fuego.

e) Agregue la mantequilla en cubos a la cuajada y revuelva hasta que la mantequilla se derrita y esté completamente incorporada.

f) Agrega el Prosecco hasta que esté bien combinado.

g) Deje que la cuajada se enfríe durante unos minutos y luego transfiérala a un frasco limpio o a un recipiente hermético.

h) Cubre el frasco o recipiente con una tapa o film transparente, asegurándote de que toque directamente la superficie de la cuajada para evitar que se forme piel.

i) Refrigere el Prosecco Lemon Curd durante al menos 2 horas, o hasta que esté frío y listo.

j) La cuajada se puede conservar en el frigorífico hasta por 2 semanas.

72. Alioli de Prosecco

INGREDIENTES:
- ½ taza de mayonesa
- 1 cucharada de Prosecco
- Ralladura y jugo de 1 limón
- 1 diente de ajo, picado
- Sal y pimienta para probar

INSTRUCCIONES:

a) En un tazón pequeño, mezcle la mayonesa, el Prosecco, la ralladura de limón, el jugo de limón, el ajo picado, la sal y la pimienta.

b) Pruebe y ajuste la sazón si es necesario.

c) Tapa el tazón y refrigera el alioli de Prosecco durante al menos 30 minutos para permitir que los sabores se mezclen.

d) Sirva el alioli como una deliciosa salsa para papas fritas, úntelo en sándwiches o úselo como aderezo cremoso para hamburguesas o verduras asadas.

73. Prosecco Miel Mostaza

INGREDIENTES:
- ¼ taza de mostaza Dijon
- 2 cucharadas de miel
- 2 cucharadas de Prosecco
- Ralladura y jugo de 1 limón
- Sal y pimienta para probar

INSTRUCCIONES:

a) En un bol, mezcle la mostaza de Dijon, la miel, el Prosecco, la ralladura de limón, el jugo de limón, la sal y la pimienta.

b) Pruebe y ajuste la sazón si lo desea.

c) Cubra el recipiente y refrigere la mostaza con miel Prosecco durante al menos 30 minutos antes de usarla.

d) Utilice la mostaza y miel como condimento sabroso para sándwiches y hamburguesas, o como salsa para mojar filetes de pollo o pretzels.

74. Mantequilla De Hierbas Prosecco

INGREDIENTES:
- ½ taza de mantequilla sin sal, ablandada
- 1 cucharada de Prosecco
- 1 cucharada de hierbas frescas picadas (como perejil, tomillo o albahaca)
- Ralladura de 1 limón
- Sal y pimienta para probar

INSTRUCCIONES:
a) En un tazón, combine la mantequilla ablandada, el Prosecco, las hierbas frescas picadas, la ralladura de limón, la sal y la pimienta. Mezclar bien para incorporar todos los ingredientes.
b) Transfiera la mantequilla aromatizada a una hoja de plástico y déle forma de tronco o envuélvala bien en el plástico.
c) Refrigere la mantequilla de hierbas Prosecco durante al menos 1 hora para permitir que se endurezca y los sabores se mezclen.
d) Corte la mantequilla en rodajas o úsela para untar pan, panecillos o carnes y verduras a la parrilla. La mantequilla con infusión de hierbas añade un delicioso toque picante y aromático a tus platos.

75. Prosecco Salsa Verde

INGREDIENTES:

- 1 taza de hojas de perejil fresco, picado
- $\frac{1}{4}$ taza de hojas de albahaca fresca, picadas
- 2 cucharadas de alcaparras, escurridas y picadas
- 2 dientes de ajo, picados
- 2 cucharadas de chalotas finamente picadas
- 2 cucharadas de Prosecco
- Ralladura y jugo de 1 limón
- $\frac{1}{4}$ taza de aceite de oliva
- Sal y pimienta para probar

INSTRUCCIONES:

a) En un tazón, combine el perejil picado, la albahaca, las alcaparras, el ajo picado, las chalotas, el Prosecco, la ralladura de limón, el jugo de limón, el aceite de oliva, la sal y la pimienta.

b) Revuelve bien para mezclar todos los ingredientes.

c) Pruebe y ajuste la sazón si es necesario.

d) Deje reposar la salsa Prosecco Verde durante al menos 15 a 30 minutos para permitir que los sabores se mezclen.

e) Sirva la salsa verde como condimento picante para pescado a la parrilla o verduras asadas, o úsela como aderezo sabroso para ensaladas.

CÓCTELES

76. Aperol Spritz

INGREDIENTES:
- 3 onzas de prosecco
- 2 onzas de aperol
- 1 onza de agua mineral con gas
- Adorne: rodaja de naranja

INSTRUCCIONES:

a) En una copa de vino llena de hielo, mezcle el prosecco, el Aperol y el agua mineral con gas.

b) Añade una rodaja de naranja como guarnición.

77. Mimosas de Prosecco y Jugo de Naranja

INGREDIENTES:
- 1 botella de Prosecco
- 2 tazas de jugo de naranja
- Rodajas de naranja para decorar

INSTRUCCIONES:
a) Llene las copas de champán hasta la mitad con Prosecco frío.
b) Completa los vasos con jugo de naranja.
c) Adorne cada vaso con una rodaja de naranja.
d) Sirva inmediatamente y disfrute de la refrescante mimosa Prosecco.

78. Spritz de hibisco

INGREDIENTES:
- 2 onzas de prosecco o vino espumoso
- 1 onza de jarabe de hibisco
- ½ onza de licor de flor de saúco
- Club soda
- Rodajas de limón o flores comestibles para decorar.
- Cubos de hielo

INSTRUCCIONES:
a) Llena una copa de vino con cubitos de hielo.
b) Añade al vaso el sirope de hibisco y el licor de flor de saúco.
c) Revuelva suavemente para combinar los sabores.
d) Cubra la copa con prosecco o vino espumoso.
e) Agregue un chorrito de agua mineral con gas para obtener un acabado burbujeante.
f) Adorne con rodajas de limón o flores comestibles.
g) Revuelva suavemente antes de beber.
h) Saboree el efervescente y floral Hibiscus Spritz.

79. Mulas de champán

INGREDIENTES:
- 2 onzas ml de vodka
- 2 onzas de jugo de lima fresco
- 4 onzas de cerveza de jengibre
- Prosecco frío, para cubrir
- Gajos de lima, para servir
- Menta, para servir

INSTRUCCIONES:
a) Vierta vodka y jugo de lima fresco en dos vasos, luego cubra cada vaso con cerveza de jengibre.
b) Vierta el prosecco y decore con limas y menta.
c) Servir frío.

80. hugo

INGREDIENTES:

- 15 cl de Prosecco, frío
- 2 cl de sirope de saúco o sirope de melisa
- un par de hojas de menta
- 1 jugo de limón o jugo de lima recién exprimido
- 3 cubitos de hielo
- trago de agua mineral con gas o agua con gas
- rodajas de limón o lima para decorar el vaso o como guarnición

INSTRUCCIONES:

a) Poner los cubitos de hielo, el almíbar y las hojas de menta en una copa de vino tinto.

b) Vierta en el vaso jugo de limón o lima recién exprimido. Coloque una rodaja de limón o lima en el vaso y agregue Prosecco frío.

c) Pasados unos instantes, añadimos un chorrito de agua mineral con gas.

81. Mojito Prosecco

INGREDIENTES:
- 1 onza de ron blanco
- ½ oz de jugo de limón fresco
- ½ oz de almíbar simple
- 6-8 hojas de menta fresca
- Prosecco, frío
- Gajos de lima para decorar
- Ramitas de menta para decorar

INSTRUCCIONES:
a) En una coctelera, mezcle las hojas de menta fresca con jugo de lima y almíbar.
b) Agrega el ron blanco y llena la coctelera con hielo.
c) Agite bien para combinar.
d) Cuela la mezcla en un vaso lleno de hielo.
e) Cubra con Prosecco frío.
f) Adorne con rodajas de lima y ramitas de menta.
g) Revuelve suavemente y disfruta del refrescante Prosecco Mojito.

82. Sgroppino

INGREDIENTES:
- 4 onzas. vodka
- 8 oz. Prosecco
- 1 tanda de sorbete de limón
- Guarniciones opcionales
- limón rallado
- Rodajas de limón
- toque de limón
- hojas de menta fresca
- hojas de albahaca fresca

INSTRUCCIONES:
a) En una licuadora, combine los primeros tres ingredientes.
b) Procese hasta que quede suave y mezclado.
c) Sirva en copas de champán o copas de vino.

83. Prosecco Bellini

INGREDIENTES:
- 2 oz de puré de durazno o néctar de durazno
- Prosecco, frío
- Rodajas de durazno para decorar

INSTRUCCIONES:
a) Vierta el puré de durazno o el néctar de durazno en una copa de champán fría.
b) Cubra con Prosecco frío, llenando el vaso.
c) Revuelva suavemente para combinar.
d) Adorne con una rodaja de durazno fresco.
e) Beba y saboree el clásico y elegante Prosecco Bellini.

84. Margarita Prosecco

INGREDIENTES:
- 1½ oz de tequila plateado
- 1 onza de jugo de lima fresco
- 1 onza de almíbar simple
- ½ oz de licor de naranja (como triple sec)
- Prosecco, frío
- Gajos de lima para decorar
- Sal o azúcar para el borde (opcional)

INSTRUCCIONES:
a) Si lo desea, bordee el vaso con sal o azúcar sumergiendo el borde en jugo de limón y luego en sal o azúcar.
b) En una coctelera, combine el tequila, el jugo de lima, el almíbar y el licor de naranja.
c) Llena la coctelera con hielo y agita vigorosamente.
d) Cuela la mezcla en un vaso lleno de hielo.
e) Cubra con Prosecco frío.
f) Adorne con rodajas de lima.
g) Revuelva suavemente y disfrute del espumoso Prosecco Margarita.

85. Prosecco y jengibre fizz

INGREDIENTES:

- 2 onzas de licor de jengibre
- ½ oz de jugo de limón fresco
- ½ oz de almíbar simple
- Prosecco, frío
- Jengibre cristalizado para decorar

INSTRUCCIONES:

a) En una coctelera, combine el licor de jengibre, el jugo de lima y el almíbar.
b) Llena la coctelera con hielo y agita bien.
c) Cuela la mezcla en un vaso lleno de hielo.
d) Cubra con Prosecco frío.
e) Adorna con un trozo de jengibre cristalizado.
f) Revuelva suavemente y disfrute del espumoso Prosecco Ginger Fizz.

86. Prosecco Francés 75

INGREDIENTES:
- 1 onza de ginebra
- ½ oz de jugo de limón fresco
- ½ oz de almíbar simple
- Prosecco, frío
- Twist de limón para decorar

INSTRUCCIONES:
a) En una coctelera, combine la ginebra, el jugo de limón y el almíbar.
b) Llena la coctelera con hielo y agita bien.
c) Cuela la mezcla en una copa de champán.
d) Cubra con Prosecco frío.
e) Adorne con una rodaja de limón.
f) Beba y disfrute del clásico y efervescente Prosecco French 75.

87. Ponche de granada y prosecco

INGREDIENTES:
- 2 tazas de jugo de granada
- 1 taza de jugo de naranja
- ½ taza de jugo de arándano
- ¼ de taza de jugo de limón fresco
- 2 cucharadas de sirope de agave o miel
- Prosecco, frío
- Semillas de granada y rodajas de lima para decorar.

INSTRUCCIONES:
a) En una jarra, combine el jugo de granada, el jugo de naranja, el jugo de arándano, el jugo de lima y el jarabe de agave o miel.

b) Revuelva hasta que esté bien combinado y el edulcorante se haya disuelto.

c) Agregue Prosecco frío a la jarra y revuelva suavemente.

d) Llena los vasos con hielo y vierte el ponche de granada Prosecco sobre el hielo.

e) Adorne con semillas de granada y rodajas de lima.

f) Beba y disfrute del afrutado y efervescente Prosecco Pomegranate Punch.

88. Cóctel Prosecco de rubí y romero

INGREDIENTES:
- 1 ramita de romero fresco
- 1 onza de jugo de pomelo rubí
- $\frac{1}{2}$ onza de almíbar simple de romero (receta a continuación)
- Prosecco frío o cualquier vino blanco espumoso
- Rodajas de pomelo rubí o ramitas de romero para decorar

PARA EL JARABE SIMPLE DE ROMERO:
- $\frac{1}{2}$ taza de agua
- $\frac{1}{2}$ taza de azúcar granulada
- 2 ramitas de romero fresco

INSTRUCCIONES:
a) Prepare el almíbar simple de romero combinando agua, azúcar y ramitas de romero en una cacerola pequeña. Lleva la mezcla a fuego lento a fuego medio, revolviendo ocasionalmente hasta que el azúcar se haya disuelto por completo.

b) Retirar la cacerola del fuego y dejar infusionar el romero en el almíbar durante unos 10 minutos. Luego, cuele las ramitas de romero y deje que se enfríe el almíbar.

c) En una coctelera, machaque suavemente la ramita de romero fresco para que suelte su aroma.

d) Agrega el jugo de pomelo rubí y el almíbar de romero a la coctelera. Llena la coctelera con hielo.

e) Agite la mezcla vigorosamente durante unos 15 a 20 segundos para enfriar los ingredientes.

f) Cuela el cóctel en un vaso o flauta frío.

g) Complete el cóctel con Prosecco frío y deje que se mezcle suavemente con los demás ingredientes.

h) Adorne la bebida con una rodaja de pomelo rubí o una ramita de romero fresco.

i) ¡Sirve el cóctel Prosecco Ruby y Rosemary inmediatamente y disfrútalo!

89. Cóctel Prosecco de flor de saúco

INGREDIENTES:
- 1 oz de licor de flor de saúco (como St-Germain)
- ½ oz de jugo de limón fresco
- Prosecco, frío
- Flores comestibles para decorar (opcional)

INSTRUCCIONES:
a) Llena una copa de vino con cubitos de hielo.
b) Agrega el licor de flor de saúco y el jugo de limón fresco.
c) Cubra con Prosecco frío.
d) Revuelva suavemente para combinar.
e) Adorne con flores comestibles, si lo desea.
f) Beba y disfrute del cóctel floral y efervescente Prosecco Elderflower.

90. Cóctel de pomelo rosado

INGREDIENTES:
- 1 taza de jugo de pomelo rosado recién exprimido
- $\frac{1}{8}$ taza de licor de frambuesa
- 2 botellas de Prosecco dulce
- 2 pomelos rosados, rebanados para decorar
- Menta fresca para decorar
- Cubos de hielo

INSTRUCCIONES:
a) En una jarra, combine el jugo de pomelo rosado recién exprimido, el licor de frambuesa y el Prosecco dulce.
b) Agrega una bandeja con cubitos de hielo para mantener el Prosecco frío.
c) Revuelve bien la mezcla para mezclar los sabores.
d) Agrega rodajas de 1 pomelo rosado y un puñado de menta fresca para realzar el aroma y la presentación.
e) Para servir, vierte el Prosecco en vasos con una rodaja de pomelo rosado en el borde y decora con menta fresca.
f) Levante una copa, brinde por un delicioso brunch y ¡disfrútelo!

91. Flotador de sorbete de piña y prosecco

INGREDIENTES:
SORBETE DE PIÑA:
- 2 onzas de jugo de piña
- 4 onzas de sirope de agave
- 16 onzas de piña congelada

PROSECCO + FLOTADOR DE SORBETE DE PIÑA:
- Sorbete de piña (de la receta anterior)
- Prosecco

INSTRUCCIONES:
SORBETE DE PIÑA:
a) En una licuadora, combine el jugo de piña y el agave.
b) Agregue aproximadamente una cuarta parte de la piña congelada y presione hasta que se mezclen.
c) Agregue lentamente el resto de la piña congelada, pulsando con cada adición. El objetivo es mantener una consistencia similar a la de un batido congelado.
d) Transfiera la mezcla a un recipiente y colóquela en el congelador para que se endurezca durante la noche.

FLOTADOR DE SORBETE DE PIÑA PROSECCO:
e) En el fondo de un vaso colocar una cucharada del sorbete de piña preparado.
f) Abre una botella de Prosecco y viértela sobre el sorbete en el vaso.
g) Si lo deseas, decora el flotador con rodajas de piña, hojas de menta o flores comestibles.

92. Limonada de frambuesa Cóctel

INGREDIENTES:
- 3 onzas de Prosecco
- 3 onzas de limonada de frambuesa
- Granos de azúcar rosa o rojo
- 2-3 frambuesas frescas

INSTRUCCIONES:
a) Para bordear los vasos: vierta una pequeña cantidad de limonada de frambuesa en un plato o tazón poco profundo. Haz lo mismo con las chispas de azúcar rosa o roja en un plato aparte.

b) Sumerge el borde de una copa de Prosecco en la limonada de frambuesa, asegurándote de cubrir todo el borde.

c) Luego, sumerja el borde recubierto del vaso en el azúcar de color para crear un borde de azúcar decorativo.

d) Vierta la limonada de frambuesa y el Prosecco en el vaso preparado y revuelva suavemente para mezclar los sabores.

e) Coloque 2 o 3 frambuesas frescas en el cóctel para obtener una explosión extra de bondad frutal.

f) Sirve tus Proseccos de Limonada de Frambuesa y disfruta de este delicioso y refrescante cóctel durante tu brunch con las chicas.

93. Sorbete de Naranja Cóctel

INGREDIENTES:
- 2 tazas de jugo de naranja fresco
- ½ taza de agua
- ¾ taza de miel o néctar de agave, ajustado al gusto
- Prosecco

INSTRUCCIONES:
a) En un tazón, mezcle el jugo de naranja fresco, el agua y la miel (o néctar de agave) hasta que estén bien mezclados.
b) Vierte la mezcla en una heladera y congela según las instrucciones del fabricante. Alternativamente, puedes verter la mezcla en un plato y congelarla en el congelador hasta que adquiera una consistencia de sorbete.
c) Una vez que el sorbete de naranja esté listo, sírvelo en vasos de Prosecco.
d) Cubra el sorbete con Prosecco.

94. Naranja sanguina de flor de saúco Cóctel

INGREDIENTES:
- Botella de 750 ml de Prosecco
- 8 cucharaditas de tequila plateado
- 8 cucharaditas de licor de flor de saúco
- ⅓ taza de jugo de naranja sanguina recién exprimido
- 1 naranja sanguina, en rodajas finas para decorar (opcional)

INSTRUCCIONES:
a) Si lo desea, coloque una rodaja fina de naranja sanguina en cada una de las cuatro copas de Prosecco para una guarnición elegante.
b) Vierta 2 cucharaditas de tequila plateado en cada copa de Prosecco, dividiéndola uniformemente entre ellas.
c) Luego, agregue 2 cucharaditas de licor de flor de saúco a cada flauta.
d) Divida igualmente el jugo de naranja sanguina recién exprimido entre las cuatro copas de Prosecco. Cada flauta debe recibir un poco menos de 4 cucharaditas de jugo.
e) Vierta con cuidado el Prosecco en cada flauta, permitiendo que las burbujas se asienten entre vertidos. Llene cada vaso hasta el borde con Prosecco.
f) Sirva el Prosecco de naranja sanguina y flor de saúco inmediatamente y disfrute de la hermosa combinación de sabores y efervescencia.

95. Prosecco y jugo de naranja Cóctel

INGREDIENTES:
- 1 botella de Prosecco
- 2 tazas de jugo de naranja
- Rodajas de naranja para decorar

INSTRUCCIONES:
e) Llene las flautas de Prosecco hasta la mitad con Prosecco frío.
f) Completa los vasos con jugo de naranja.
g) Adorne cada vaso con una rodaja de naranja.
h) Sirve inmediatamente y disfruta del refrescante Prosecco Prosecco.

96. Maracuyá Cóctel

INGREDIENTES:
- 1 taza de Prosecco frío
- ½ taza de néctar o jugo de maracuyá frío

INSTRUCCIONES:

a) Divida el Prosecco frío en partes iguales entre dos vasos.

b) Complete cada bebida con el néctar o jugo de maracuyá frío. Puedes agregar de 3 a 4 cucharadas de néctar o jugo a cada vaso.

c) Revuelve suavemente la mezcla para combinar los sabores.

d) Sirva el Prosecco de maracuyá inmediatamente y disfrute del sabor dulce y tropical de la maracuyá combinado con el burbujeante Prosecco.

e) Este cóctel exótico y refrescante es perfecto para un brunch especial, una celebración o simplemente para regalarte una deliciosa bebida.

f) ¡Saborea el sabor único y delicioso de estos Proseccos de Maracuyá! ¡Salud!

97. melocotones Cóctel Prosecco

INGREDIENTES:
- 2 tazas de néctar de durazno, frío
- 1 ⅓ tazas de jugo de naranja, frío
- ⅔ taza de jarabe de granadina
- 1 botella de Prosecco brut, frío

INSTRUCCIONES:
a) En una jarra grande, combine el néctar de durazno frío y el jugo de naranja. Revuelva bien para asegurarse de que los sabores se mezclen.
b) Tome 10 vasos de Prosecco y vierta 1 cucharada de jarabe de granadina en cada vaso.
c) Vierta aproximadamente ⅓ de taza de la mezcla de jugo de naranja en cada vaso de Prosecco sobre el almíbar de granadina.
d) Finalmente, cubre cada vaso con Prosecco frío, llenándolo hasta el borde.
e) Sirva el Peach Prosecco inmediatamente para disfrutar de sus bondades gaseosas y afrutadas.
f) Estos deliciosos Proseccos son perfectos para ocasiones de celebración, reuniones de brunch o cualquier momento en el que quieras agregar un toque de dulzura color melocotón a tu día.
g) ¡Salud por la delicia de Peach Proseccos! Disfruta con responsabilidad y saborea la deliciosa mezcla de sabores.

98. Piña Cóctel Prosecco

INGREDIENTES:

- Una botella de Prosecco de 750 mililitros
- 2 tazas de jugo de piña
- $\frac{1}{2}$ taza de jugo de naranja
- Rodajas de naranja, para servir
- Rodajas de piña, para servir

INSTRUCCIONES:

a) Combine el Prosecco, el jugo de piña y el jugo de naranja.
b) Revuelva hasta que esté bien combinado.
c) Llene los vasos de Prosecco y agregue rodajas de fruta en los bordes antes de servir.

99. Sangría Prosecco

INGREDIENTES:
- 3 tazas de jugo de frutas
- 3 tazas de fruta fresca (en rodajas o en cubitos, si es necesario)
- $\frac{1}{2}$ taza de licor de frutas (como Cointreau, Grand Marnier o Chambord)
- 1 botella de Prosecco seco, frío

INSTRUCCIONES:
a) Combine el jugo, la fruta y el licor en un frasco grande (o jarra, si se sirve en uno) y deje que los sabores se mezclen durante al menos 1 hora.
b) Si tiene espacio en su hielera, mantenga la mezcla fría hasta que esté lista para usar.
c) Agrega el Prosecco al frasco (o jarra) y sirve inmediatamente.
d) Alternativamente, puede llenar vasos individuales aproximadamente hasta un tercio de su capacidad con la mezcla de jugo y cubrir con Prosecco.

100. Fresa Cóctel Prosecco

INGREDIENTES:

- 2 onzas de jugo de naranja
- 2 onzas de fresas
- ½ onza de jarabe de fresa
- 4 onzas de Prosecco

INSTRUCCIONES:

a) Licue el jugo de naranja, las fresas y el almíbar de fresa en una licuadora hasta que quede suave.
b) Vierta en una copa de cóctel.
c) Cubra con Prosecco.
d) Adorne con una fresa y una rodaja de naranja.

CONCLUSIÓN

Al llegar al final de "BURBUJAS Y BOCADOS: EL ÚLTIMO LIBRO DE COCINA DE PROSECCO", esperamos que haya disfrutado de este viaje al mundo de las delicias con infusión de Prosecco. Hemos explorado una amplia gama de recetas, desde desayunos hasta meriendas y platos principales, todas con el brillo y la elegancia del Prosecco. Ha sido una aventura de sabores y creatividad, descubrir cómo el Prosecco puede realzar platos tanto dulces como salados y agregar un toque de sofisticación a su repertorio culinario.

Esperamos que este libro de cocina lo haya inspirado a experimentar con Prosecco en su cocina, permitiéndole crear comidas y experiencias memorables para usted y sus seres queridos. Recuerde, Prosecco no es solo una bebida para brindar en ocasiones especiales: es un ingrediente versátil que puede realzar su cocina diaria y darle un toque de celebración a cada comida.

Desde deliciosos cócteles para el brunch hasta exquisitos maridajes para la cena, Prosecco ha demostrado su capacidad para mejorar y elevar una amplia variedad de platos. Entonces, continúa explorando las posibilidades culinarias del Prosecco, infundiendo a tus recetas sus vibrantes sabores y efervescencia. Comparte tus creaciones con amigos y familiares y saborea la alegría que conlleva descubrir sabores nuevos y deliciosos.

Esperamos que "BURBUJAS Y BOCADOS: EL ÚLTIMO LIBRO DE COCINA DE PROSECCO" haya despertado tu creatividad y te haya dejado con una nueva apreciación de la magia del Prosecco en la cocina. ¡Salud por las aventuras culinarias y el encantador mundo de las delicias con infusión de Prosecco!

www.ingramcontent.com/pod-product-compliance
Lightning Source LLC
Chambersburg PA
CBHW071314110526
44591CB00010B/881